KLARTEXT

Unser NRW

Reiseführer
zu Kultur- und Naturdenkmälern
in Nordrhein-Westfalen

Bergisches Land / Siebengebirge

IMPRESSUM

1. Auflage September 2011

Konzept: Martina Grote
Redaktion: Winfried Raffel (Leitung), Bettina Schneider, Anica Bömke
Texte: Klartext Verlag, Essen, Cyrano Kommunikation, Münster, Dr. Ralf J. Günther, Dr. Günter Matzke-Hajek, Juliane Jung
Satz und Layout: Schacht 11, Essen

Titelfotos: Lars Langemeier (Neanderthal Museum Mettmann, Röntgen-Museum Remscheid, Wipperkotten Solingen), Bildarchiv Foto Marburg (Schloss Drachenburg, Königswinter)
Umschlaggestaltung: Volker Pecher, Essen
Druck und Bindung: Griebsch & Rochol Druck, Hamm

ISBN 978-3-8375-0617-4
www.klartext-verlag.de

INHALT

RHEINISCH-BERGISCHES LAND: IM LAND DES HERRN GRAFEN

OBERBERGISCHES LAND: BUNTER WALD UND BUNTE KIRCHEN

ZWISCHEN SIEG UND SIEBENGEBIRGE: BERGE, BURGEN, BEETHOVEN

ANHANG

HALLO KINDER!

Ich bin Nicki Nuss, das Maskottchen der NRW-Stiftung. Ich bin wohl das einzige Eichhörnchen, das gerne reist. Meine Artgenossen bleiben eigentlich lieber zuhause an einem festen Platz im Wald. Zusammen mit meinen Freunden Nina und Klaus, dem Frosch, reise ich im Auftrag der Nordrhein-Westfalen-Stiftung durch ganz NRW. Wir besuchen Schlösser und Burgen, erkunden dunkle Höhlen und durchstreifen tiefe Wälder. Auf meiner Internetseite www.nrw-entdecken.de könnt ihr uns auf dem Streifzug durch Nordrhein-Westfalen begleiten. Ihr werdet sehen, es ist ganz schön spannend hier. Zu allen Ausflügen im Buch, bei denen ihr mich entdeckt, könnt ihr euch Rätselfragen, Rallyes oder Bastel-Tipps von meiner Internetseite herunterladen. Natürlich erfahrt ihr auch, was Nina, Klaus und ich schon alles erlebt haben. Außerdem findet ihr auf www.nrw-entdecken.de Videos, Spiele und Experimente mit Schritt-für-Schritt-Anleitung. So wird euer Ausflug doppelt spannend.

Viel Spaß beim Entdecken!

Nicki Nuss

LIEBE LESERINNEN, LIEBE LESER,

das Röntgenmuseum in Remscheid, das Neanderthal Museum in Mettmann oder Schloss Drachenburg im Siebengebirge – diese Ausflugsziele sind den meisten Menschen im Bergischen Land und auch vielen Besuchern bekannt. Aber kennen Sie auch das reizvolle Eifgenbachtal, in dem Feuersalamander, Ringelnatter und Gebirgsstelze heute wieder zu entdecken sind? Und kennen Sie das Kindergartenmuseum in Bergisch-Gladbach, das Heimatmuseum in Windeck, das Weinbaumuseum in Hennef?
Manche in diesem Band beschriebenen Museen stehen den Besuchern täglich offen, andere haben nur am Wochenende oder nach telefonischer Anmeldung geöffnet. Die in diesem Reiseführer beschriebenen Ausflugsziele haben aber eines gemeinsam: Es sind Natur- und Kulturprojekte der Nordrhein-Westfalen-Stiftung Naturschutz, Heimat- und Kulturpflege. Seit 1986 unterstützt sie landesweit ehrenamtliche Vereine und gemeinnützige Einrichtungen, die sich mit Herz und Hingabe für die Naturschönheiten und Kulturschätze des Landes einsetzen. Es lohnt sich, vor der eigenen Haustür, aber auch in den anderen Regionen dieses schönen Landes einmal nachzuspüren, was mithilfe der NRW-Stiftung und ihrer Partner auf den Weg gebracht werden konnte. Gerne können Sie auch ganz persönlich „schützen, was Sie lieben“, als Mitglied im Förderverein der NRW-Stiftung.
Der Band Bergisches Land ist Teil einer achtbändigen Buchreihe, die zum 25. Geburtstag der NRW-Stiftung erschienen ist. Wer die vielen spannenden Facetten aus allen Regionen unserer Heimat Nordrhein-Westfalen entdecken möchte, der sollte sich auch die anderen Bände nicht entgehen lassen.

Ihre NRW-Stiftung

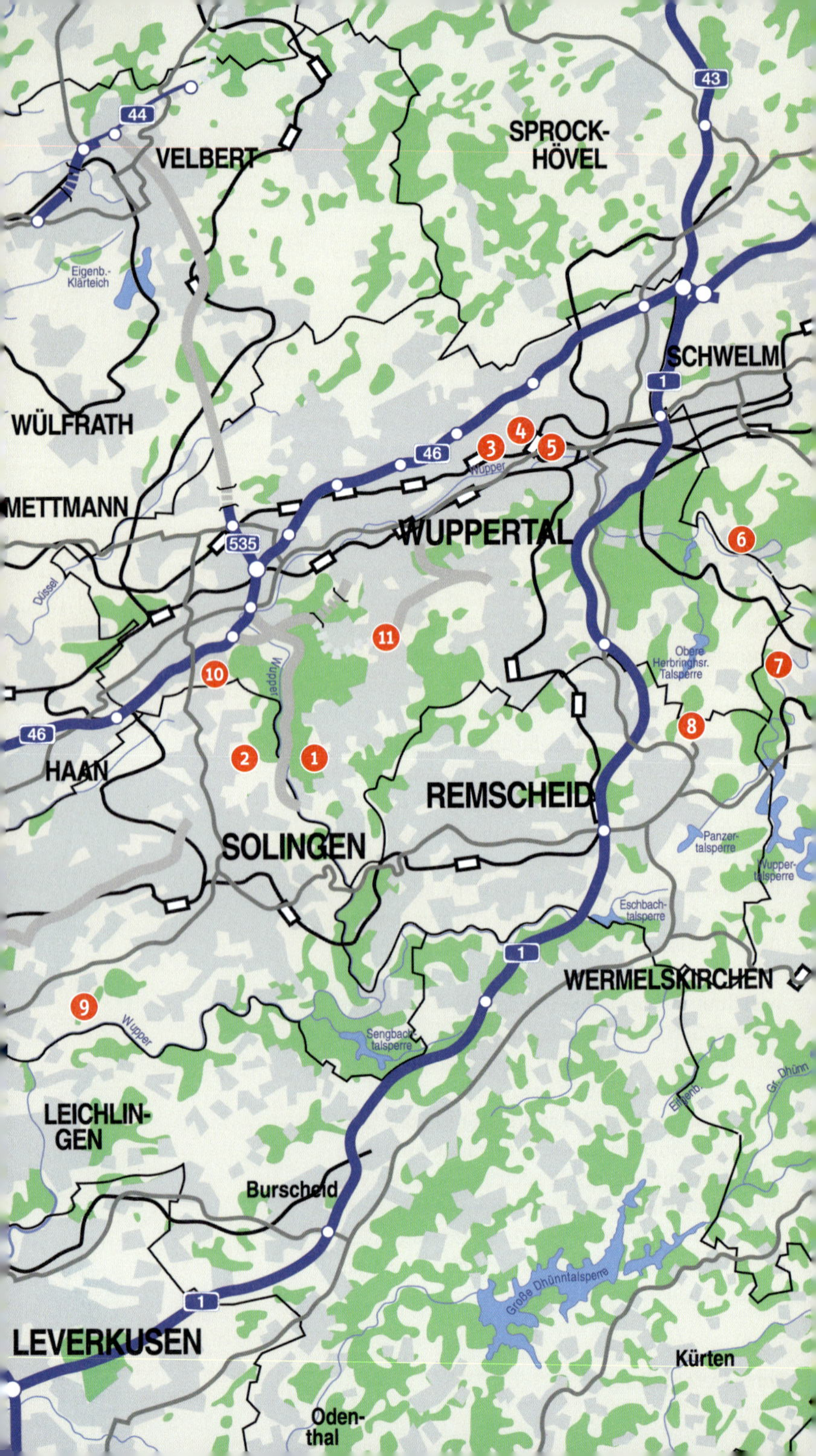

VELBERT
SPROCK-
HÖVEL
Eigenb.-
Klärteich
SCHWELM
WÜLFRATH
METTMANN
WUPPERTAL
Wupper
Düssel
HAAN
REMSCHEID
SOLINGEN
Obere
Herbringhsr.
Talsperre
Panzer-
talsperre
Wupper-
talsperre
Eschbach-
talsperre
WERMELSKIRCHEN
Sengbach-
talsperre
LEICHLIN-
GEN
Burscheid
Eifgenb.
Gr. Dhünn
Große Dhünntalsperre
LEVERKUSEN
Kürten
Oden-
thal
44
43
46
535
1

BERGISCHES DREIECK

WASSERSPEICHER UND GRÜNE LUNGE

Eine hübsche Gegend für den Wochenend-Ausflug, die „grüne Lunge“ für die angrenzenden Ballungsgebiete an Rhein und Ruhr – all dies ist das Bergische Land. Aber es ist noch viel mehr. Nicht zuletzt ist es der „Wasserspeicher“ für die umliegenden Regionen. Im Bergischen Städtedreieck begann vor über 100 Jahren der moderne Talsperrenbau. Genauer: 1891 in Remscheid, der östlichen Spitze des Dreiecks.

Zu Beginn des 19. Jahrhunderts setzte dort – genau wie im Ruhrgebiet – ein starkes Wachstum durch die Industrialisierung ein. So wie heute war Remscheid damals schon ein wichtiger Standort für Werkzeugproduktion und Maschinenbau. Das Wachstum brachte aber auch ein drängendes Problem mit sich: Das Wasser wurde knapp. Selbst die neuen Grundwasserbrunnen reichten in den 1880er-Jahren bald

Bild oben:
Die Müngstener Brücke (ehemals Kaiser-Wilhelm-Brücke) ist die höchste Eisenbahnbrücke Deutschlands. Sie überspannt zwischen Remscheid und Solingen in 107 Metern Höhe das Tal der Wupper in unmittelbarer Nähe des Haltepunktes Solingen-Schaberg.

nicht mehr, um die prosperierende Gemeinde zu versorgen. So entstanden Pläne zum Bau der Eschbachtalsperre, der ersten Trinkwasser-Talsperre Deutschlands. Entworfen hat die Staumauer ein genialer Ingenieur namens Otto Intze. Seine Idee: eine Bruchsteinmauer mit ungefähr dreieckigem Querschnitt, die sich also von der Basis zur Krone hin verjüngt. Zusätzliche Stabilität erhält das rund 160 Meter lange und bis zu 25 Meter hohe Bauwerk durch eine Wölbung zur Wasserseite hin. Das funktioniert bis heute so gut, dass die Eschbachtalsperre erst 100 Jahre nach ihrer Eröffnung zum ersten Mal umfassend saniert werden musste.

Ein Klassiker: die Wuppertaler Schwebebahn.

Die Trinkwasserversorgung für Remscheid war gesichert, und ganz nebenbei war die Region auch um eine Touristenattraktion reicher. Prinz Friedrich Leopold von Preußen besuchte den Stausee im Sommer 1897, zwei Jahre später kam auch Kaiser Wilhelm II., und nach ihm folgten zahllose ungekrönte Erholungssuchende. Ein Spaziergang rund um den See dauert etwa eine Stunde, wer sich unterwegs mit den Stationen des Waldlehrpfads beschäftigt, braucht entsprechend länger.

Im Bergischen Land wurde aber nicht nur zum ersten Mal nach dem bis heute gängigen „Intze-Prinzip" gebaut, die Region erwies sich insgesamt als guter „Wasserspeicher". Mehr als 20 weitere Talsperren und Stauseen wurden hier im Laufe der Zeit errichtet – so viele wie in keiner anderen vergleichbaren Region. Darunter übrigens auch die kleinste Talsperre Deutschlands, das „Uelfebad" in Radevormwald. 1927 entstand dieser gut 200 Meter kurze und etwa 50 Meter schmale See durchs Aufstauen des Bächleins Uelfe, das nur acht Kilometer nach seinem Ursprung in die Wupper mündet. Bis in die 1950er-Jahre war der Teich ein beliebtes Freibad, dann allerdings ließ die Wasserqualität diese Nutzung nicht mehr zu. Heute ist das ehemalige Uelfebad Mittelpunkt eines sehr beliebten Naherholungsgebiets, das in idyllischer Waldlage die eher ruhigen Freizeitfreuden bietet: Angeln, Modell-Schifffahrt, Spazieren.

Die Stauseen im Bergischen Land hatten aber auch immer noch eine weitere Funktion: Die klugen Menschen hier lassen das Wasser für sich arbeiten, heute hauptsächlich für die Stromerzeugung. Früher auch, um Maschinen für die Kleinindustrie anzutreiben. Und damit die Maschinen verlässlich auch dann laufen, wenn die Flüsse und Bäche im Sommer wenig Wasser führen, legte man Stauseen als Vorrat an. Im Bergischen Städtedreieck zeigen verschiedene Museen und Industrie-Denkmäler, wie das Wasser – später auch in Form von Dampf – Schmiedehämmer, Schleifsteine oder Webstühle antrieb. In Solingen geht es in erster Linie um Messer, Schwerter, Scheren, kurz: um das Deutsche Klingenmuseum. In Remscheid steht das Deutsche Werkzeugmuseum im Mittelpunkt. Und in Wuppertal erschließt eine Themenroute die reiche Textil-Tradition der Stadt, deren wirtschaftlicher Aufschwung seinen Anfang mit der Herstellung, Färbung und Weiterverarbeitung von Stoffen nahm. Zu 30 historischen Stätten führt die Selbsterkundungs-Route „textil-im-wuppertal“, mehr als die Hälfte davon lässt sich bequem mit der Schwebebahn erreichen.

Apropos: Die Schwebebahn, Baujahr 1900, ist nur ein Beispiel für innovative Fortbewegungsmittel im Bergischen. In Solingen beispielsweise bringt eine einzigartige Schwebefähre Fußgänger über die Wupper. Außerdem ist in der Klingenstadt nach wie vor die älteste Drahtseilbahn Nordrhein-Westfalens in Betrieb. Sie befördert Gäste auf das Schloss Burg, den zweiten Stammsitz der Grafen von Berg, denen die ganze Region ihren Namen verdankt. Um deren Ursprung und um den ersten Stammsitz des Hauses geht es dann im Kapitel über das Rheinisch-Bergische Land.

Solingen ist bekanntlich die Klingenstadt. Davon erzählt das Kingenmuseum.

1 INDUSTRIEMUSEUM MANUELSKOTTEN

Wie viele Schleifkotten liegt auch der historische Manuelskotten dicht am Wasser – idyllisch eingebettet ins schöne Tal des Kaltenbaches, auf halbem Weg zwischen Cronenberg und Kohlfurth. Heute ist der Manuelskotten nicht nur die letzte mit einem Wasserrad betreibbare Anlage an diesem Bach, sondern im gesamten Stadtgebiet von Wuppertal. Um 1880 aber lagen allein am Kaltenbach insgesamt sechs Wasserkraftanlagen: zwei Hammerwerke, drei Schleifkotten und eine Mühle.

Der Manuelskotten ist die jüngste dieser Anlagen im Kaltenbachtal. Ein erster Kotten auf dem Gelände dürfte um 1850 errichtet worden sein. Ein genaueres Datum ließ sich bisher aus den Akten nicht ermitteln. Er hat viele Namen: Kaltenbacher Kotten heißt er offiziell und Manuelskotten im Sprachgebrauch, während die Einheimischen ihn mundartgerecht „Manewellskotten" nennen. Fakt ist: Benannt wurde der Kotten nach seinem ehemaligen Besitzer Emanuel Morsbach.

Die etwa 200 Jahre alte Schleiferei ist mittlerweile ein Industriedenkmal: Messers Schneide wird hier auch heute noch von Hand geschliffen, geschärft und poliert. Die Produktion nach überlieferter Knienaß-Methode beschränkt sich dabei auf Spezialmesser für Fleisch verarbeitende Betriebe im Auftrag eines Remscheider Unternehmens. Mit einem mächtigen oberschlächtigen Wasserrad mit 5,60 Metern Durchmesser, Dampfmaschine, einem alten Dieselmotor, dem schon moderneren Schlüter-Generator und einem Elektromotor gibt der Kotten darüber hinaus einen anschaulichen Überblick über die Geschichte der Energiegewinnung in den vergangenen hundert Jahren.

Seit etwa 1850 setzt das Wasserrad im Inneren des Kottens die Transmissionen in Bewegung, über die die Schleifsteine angetrieben werden. Alte Dokumente berichten von einem schweren Brand im Jahr 1901, der Kotten wurde je-

Informationen

Kaltenbacher Kotten
(Manuelskotten)
Kaltenbacher Kotten 1
42349 Wuppertal-Cronenberg
Tel. 0202 / 47 61 29 und
0202/56 36 49 8
www.manuelskotten.de

Öffnungszeiten:
www.manuelskotten.de/oeffnungszeiten.htm

Mithilfe der NRW-Stiftung und durch das Engagement des Vereins konnte der Erhalt der historischen Schleiferei gesichert und die Anlage restauriert werden.

doch unverzüglich ein paar Meter weiter bachaufwärts neu errichtet. Sein Standort ist typisch für den Metall verarbeitenden Gewerbezweig: Das bergisch-märkische Hügelland besitzt zahlreiche Erzvorkommen, und durch den gleichzeitigen Holzreichtum der Region war die Rohstoffgewinnung des Eisengewerbes gesichert.
Das alte Gebäude und die Einrichtung des Manuelskottens blieben unverändert erhalten, Besucher sind herzlich eingeladen, zuzusehen wie der Schleifer im Stehen das Schleifgut mit den Knien gegen den großen Schleifstein drückt.
Der Förderverein Manuelskotten sicherte und restaurierte die historische Schleiferei. Seit 1993 ist sie Eigentum der Stadt Wuppertal und Außenstelle ihres „Historischen Zentrums“. Besucher erreichen den Manuelskotten über einen schmalen Straßenzug durch das umliegende Landschaftsschutzgebiet. Die schönste Anreise jedoch ist die mit der Bergischen Museumsbahn.

2 BERGISCHE MUSEUMSBAHN

Es ruckelt und zuckelt gemütlich, bis die Bahn mit einem schrillen Quietschen zum Stehen kommt und sich die klapprigen Türen mit einem Knarzen fächerartig zur Seite falten. Wer kennt sie nicht noch aus seiner Kindheit, die alten Straßenbahnen, mit denen das Fahren nie wirklich bequem war, die man aber vermisste, sobald sie durch die nächste Generation ersetzt wurden. Bei einem Besuch auf dem Betriebshof der Bergischen Museumsbahnen kann man bei einer Fahrt mit den originalgetreu restaurierten Straßenbahnen eine Reise in die eigene Vergangenheit antreten.

Die Fahrkarten, bitte: Eine Reise mit einer historischen Straßenbahn ist eine Reise in die Vergangenheit.

Wuppertaler Straßenbahn- und Heimatfreunde wollten der Stilllegung vieler Linien Ende der 60er-Jahre nicht untätig zusehen und gründeten 1969 den Verein Bergische Museumsbahnen. Seitdem haben sich auf einem Teilstück der ehemaligen Wuppertaler Straßenbahnlinie 5 nach und nach historische Straßenbahnwagen in großer Zahl angesammelt. 32 der alten Schätzchen befinden sich mittlerweile im Besitz des Vereins. Darunter viele alte Triebwagen, die man aus dem Stadtverkehr der 1950er-, 1960er-, und 1970er-Jahre kennt, aber auch einige Kuriositäten. Zum Beispiel die Wuppertaler E-Lok von 1932, die wie eine Mischung aus Seilbahnkabine, Panzer und Bügeleisen ausschaut. Oder der Turm-Triebwagen von 1950, ein Eigenbau der Wuppertaler Stadtwerke mit kleiner Werkstatt im Inneren. Das älteste Stück ist ein Wuppertaler Güterwagen von 1894, „das wahrscheinlich älteste Schienenfahrzeug des Bergischen Landes“, wie der Verein sagt.

■ Mit Unterstützung der NRW-Stiftung konnte ein Straßenbahn-Triebwagen restauriert werden.

Informationen

Bergische Museumsbahnen e.V., Betriebshof
Kohlfurther Brücke 57
42349 Wuppertal
Tel. 0202 / 47 02 51
www.bmb-wuppertal.de

Öffnungszeiten:
Sa 11-17 Uhr
Mai bis Oktober zusätzlich
So 11-17 Uhr.
Der Eintritt ist frei.
Die einsatzfähigen historischen Straßenbahnen fahren von April bis Oktober jeden zweiten und vierten Sonntag im Monat. Der Fahrplan ist auf der Internetseite abrufbar.

Kinder

- Nikolausfahrten

Das Verdienst des Vereins Bergische Museumsbahnen fängt aber beim Sammeln und Bewahren nur an. In jahrzehntelanger ehrenamtlicher Arbeit haben die Vereinsmitglieder die Streckenausrüstung an ihrem Betriebshof in Stand gesetzt, haben mehrere hundert Meter neuer Gleise verlegt und eine Gleichrichterstation gebaut, die die Straßenbahn mit 650 Volt Gleichstrom versorgt. Parallel wurden so viele der alten Bahnen wie möglich restauriert und in der Ausstattung der 40er- oder 50er- Jahre originalgetreu rekonstruiert. So konnte 1992 auf einem kleinen Teilstück der öffentliche Personenverkehr mit den historischen Straßenbahnen aufgenommen werden. Seither sind die Bergischen Museumsbahnen Deutschlands kleinster Straßenbahnbetrieb und haben sich trotz weniger Öffnungstage zu einem der beliebtesten Museen in Wuppertal gemausert.
Mittlerweile fahren die Bahnen an zwei Sonntagen im Monat auf 2,5 Kilometern Strecke von der Kohlfurther Brücke nach Greuel und zurück. Die Bahnen, die nicht fahrtüchtig sind, können im Museum bewundert werden. Platz für Neuaufnahmen ist dort aktuell nicht mehr.

3 MUSEUM FÜR FRÜHINDUSTRIALISIERUNG

„Die Arbeit der Proletarier hat durch die Ausdehnung der Maschinerie und die Teilung der Arbeit allen selbständigen Charakter und damit allen Reiz für den Arbeiter verloren."

Friedrich Engels, 1848: „Manifest der Kommunistischen Partei"

Es ist unerträglich heiß und stickig bei 35 Grad und hoher Luftfeuchtigkeit. Der Geruch von muffigen Textilien und öligen Schmierstoffen wabert durch den Raum. Maschinen rattern in immer schnellerem Stakkato, der ohrenbetäubende Lärm schwillt bedrohlich an. Unter den Füßen vibriert der Boden. So realistisch erleben Besucher des Museums für Frühindustrialisierung, wie vor etwa 200 Jahren die Arbeit in einer Textilfabrik aussah.
In einem „Erlebnisraum" lässt sich so mit allen Sinnen nachvollziehen, was Produktionsrekorde und Fortschritt für die Menschen bedeuteten. Die Wuppertaler Ausstellung widmet besonders den Schattenseiten der industriellen Umwälzungen viel Raum. Denn gerade in dieser Region herrschten im ausgehenden 18. Jahrhundert katastrophale Lebensverhältnisse: Starke Zuwanderung aus ländlichen Regionen in die aufstrebenden Wupperstädte Barmen und Elberfeld führte dazu, dass sich die Bevölkerung zwischen 1700 und 1800 versechsfachte. Angelockt von Arbeitsplätzen in Spinnereien, Färbereien oder Webereien hofften die Menschen auf ein besseres Leben dank der aufstrebenden Textilindustrie.
Doch das ersehnte Glück in der Stadt kehrte sich meist ins Gegenteil. Wohnungsnot, Hunger, Krankheit und Elend waren die Folgen der Frühindustrialisierung. Etwa ein Fünftel der Bevölkerung lebte unter dem Existenzminimum. Allein in Elberfeld hatten zum traditionellen Arbeitswechsel Anfang Mai des Jahres 1822 rund 150 Familien kein Dach über dem Kopf. Auch die

Industrieller Fortschritt – vor gut 200 Jahren war dieser mit harten Arbeitsbedingungen verbunden, trotz maschineller Unterstützung.

■ Mithilfe der NRW-Stiftung konnte das Museum um neue Ausstellungsbereiche erweitert werden.

hygienischen Verhältnisse waren katastrophal. Alle Abwässer der Stadt flossen in die Wupper und verwandelten den Fluss in eine Kloake, die Brunnen und Grundwasser verseuchte. Es grassierten Cholera und Tuberkulose, Hunger und Unterernährung gehörten zum Alltag.

Menschenunwürdig waren auch die ausbeuterischen Arbeitsbedingungen. Kinder mussten in den Fabriken von Montag bis Samstag zwölf Stunden täglich arbeiten. Mit etwas Glück hatten sie die Möglichkeit, abends von 20 bis 22 Uhr noch eine Schule zu besuchen. So schildert der Schulreformer Diesterweg, der in den Jahren 1818 bis 1820 Lehrer in Elberfeld war, das trostlose Leben der Fabrikkinder. Erst später, als die zunehmende Technisierung qualifiziertere Arbeiter erforderte, verbesserte sich ihre Situation, Schutzgesetze schränkten die Kinderarbeit ein.

Der wohl berühmteste Wuppertaler Kritiker der herrschenden Verhältnisse war der 1820 in Barmen geborene Friedrich Engels. Er prangerte in seinem berühmten Werk „Die Lage der arbeitenden Klasse in England" die Situation als Diktatur von „König Dampf" an. Im ehemaligen Wohnhaus von Friedrich Engels' Großvater – heute ein Teil des Museums – ist das Leben und Werk des Sozialrevolutionärs dokumentiert.

Mithilfe von original erhaltenen Maschinen, Bildern, Fotos und Briefen bietet die gesamte Ausstellung einen genauen Einblick in die Zeit der Frühindustrialisierung. Und so versteht sich das Museum trotz der hier ausgestellten historischen Geräte und Maschinen nicht als reines Technik-, sondern als sozialgeschichtliches Mu-

SEHENSWERT

Geschichtswerkstatt

In Kooperation mit dem Bergischen Geschichtsverein und gefördert von der NRW-Stiftung hat die Wuppertaler Geschichtswerkstatt 13 Stadtteilrouten zur Industrie- und Sozialgeschichte der Industriestadt Wuppertal entwickelt. Die Routen knüpfen an die im Museum für Frühindustrialisierung dargestellten Themen an.

■ Informationen

Ankerpunkt Industriekulturrouten / Historisches Zentrum Wuppertal
Engelsstr. 10-18
42283 Wuppertal
Tel. 0202 / 56 34 375
www.wuppertal.de

Kinderarbeit war auch in Deutschland einst die Regel. So genannte „Fabrikkinder" führten ein trostloses, hartes Leben.

seum. Die Übergangsphase von der manuellen Fertigung zur maschinellen Produktion und die daraus resultierenden sozialen Folgen zu zeigen – das ist das eigentliche Anliegen des Museums. Das Wuppertaler Museum für Frühindustrialisierung war das erste Museum in Deutschland, das sich dieser Thematik widmete. Es wurde 1983 eröffnet und erhielt für sein Konzept ein Jahr später den European Award of Museum des Europarates. Es ist in zwei Industriebauten untergebracht, die selbst ein Stück Bau- und zugleich Industriegeschichte repräsentieren.

Informationen

Museum für Frühindustrialisierung, Engels Haus
Engelsstraße 10
42283 Wuppertal
Tel. 0202 / 563 - 43 75
www.historisches-zentrum-wuppertal.de

Öffnungszeiten:
Di-So 10-18 Uhr

Kinder

- Projekttage
- Unterricht im Museum
- Kindergeburtstage

Eine Route zur Industrie- und Sozialgeschichte ergänzt das Angebot des Museums.

4 GEOLOGIE-LEHRPFAD

Viele Schülerinnen und Schüler des Gymnasiums Sedanstraße in Wuppertal haben einen Großteil der Erdgeschichte ihrer Heimatstadt selbst „erlaufen". „Die Bürger sollen etwas über den Boden unter ihren Füßen erfahren", so die Grundidee zur Entstehung des Geologie-Lehrpfades, der auf ein paar hundert Metern zehn Millionen Jahre in die erdgeschichtliche Vergangenheit führt.

Gemeinsam mit dem früheren Studiendirektor Hans-Joachim Hybel planten die Mitglieder der „Arbeitsgruppe Geologie-Lehrpfad" den Verlauf des rund zehn Kilometer langen Weges. Die Erdgeschichte wird auf Infotafeln anschaulich dargestellt und beginnt zu der Zeit, als die heutige hügelige Landschaft noch ein flaches Meer südlich des Äquators war.

Tropische Korallen-Riffe waren einst dort zu finden, wo sich heute die Stadt erstreckt. So finden sich oft gleich am Wegesrand steinerne Zeugen, die vornehmlich aus der Devonzeit stammen, also vor etwa 350 Millionen Jahren entstanden sind: Wie zum Beispiel der „Nudelsalat" genannte versteinerte Rest eines Korallenriffs, eine Gesteinsformation, die im tropischen Flachmeer entstand und nun Bestandteil einer Natursteinmauer am Geopfad ist.

Dieser beginnt am Gymnasium Sedanstraße und führt über den Sedansberg zum Nordpark, von dort über aussichtsreiche Wege vorbei an Fundstellen von Fossilien und geologisch interessanten Gesteinen durch das Allekotten- und Schellenbeck-Tal zur Lahmburg und über die Beule, Mählersbeck und durch die Junkersbeck zur Silberkuhle, wo fossile Muscheln und Dreilappkrebse zu finden sind. Dann geht es weiter

Informationen

Der Geopfad Wuppertal-Barmen, auch „Werner-Paeckelmann-Weg" genannt, ist eine mehr als zehn Kilometer lange Route durch den Wuppertaler Stadtteil Barmen und mit öffentlichen Verkehrsmitteln gut zu erreichen. Er führt von der Haltestelle „Alter Markt" bis zur Haltestelle „Hölker Feld, Mitte". Das Ende des Weges schließt direkt an den Wanderweg „Rund um Wuppertal" an. Die NRW-Stiftung hat dazu einen Flyer herausgebracht, der unter www.nrw-stiftung.de zum Download bereit steht.

durch das Naturschutzgebiet Dolinen Hölken nach Möddinghofe, wo er an den Wanderweg „Rund um Wuppertal“ anschließt. In beiden Richtungen ist der Route leicht zu folgen, da die Wanderzeichen beidseitig angebracht sind. Die Strecke ist größtenteils asphaltiert, nur im Dolinengebiet geht es kurz auf Waldpfade. Gelegenheiten zu An- und Abfahrten mit öffentlichen Verkehrsmitteln gibt es im Streckenverlauf ebenso wie Gaststätten, die zum Verweilen einladen.

Der Lehrpfad soll die zeitliche Einordnung des eigenen Lebens auf der Erde sichtbar und im wahrsten Sinne des Wortes begreifbar machen. Zusätzlich führt der Geopfad vorbei an einem der ältesten Häuser der Stadt, durch eine alte Bleicherwiese mit dem Bleicherhaus (um 1789), über einen alten Kirch- und Totenweg, durch die „burgenreichste“ Landschaft der Welt und er kreuzt eine der ältesten Kohlenstraßen, die von der Ruhr ins Bergische führt.

■ Schüler und Lehrer haben den Wanderweg gemeinsam geplant und mithilfe der NRW-Stiftung verwirklicht.

5 TOELLETURM

Die Aussicht ist atemberaubend. 333 natürliche und weitere 26 gemauerte Meter über dem Meeresspiegel eröffnet sich vom Toelleturm auf den Südhöhen von Wuppertal-Barmen ein herrlicher Blick ins Tal der Wupper, ins Bergische, nach Westfalen und – bei guter Witterung – bis zu den Turmspitzen des Kölner Doms. Kein Wunder, dass der Fabrikant Ludwig Ernst Toelle hier so gerne spazieren ging. Ihm zu Ehren stiftete seine Familie 1887, ein Jahr nach Toelles Tod, den Aussichtsturm.

Dass auch heute noch Besucher das famose Panorama bestaunen können, ist beinahe ein Wunder. Denn das Mauerwerk des Turms war derart anfällig für Kälte- und Frostschäden, dass er fast alle zehn Jahre der Sanierung bedurfte und Anfang der 1960er-Jahre nur um Haaresbreite dem Abriss entkam. 15.000 Goldmark hatten die Stifter für den Bau bereitgestellt – anscheinend nicht genug für anständigen Mörtel. Und auch in den späteren Jahren war aufgrund der kostspieligen Arbeiten stets nur Raum für Notlösungen. Immer wieder musste der Turm gesperrt werden – auch seinen 100. Geburtstag 1987 verbrachte er quasi auf dem Krankenbett.

Dann jedoch wurden nach gründlichen Untersuchungen des Mauerwerks genaue Baupläne erstellt, um die richtigen Maßnahmen für einen langfristigen Erhalt des Turms zu treffen. Seitdem erfreut sich das Denkmal bester Gesundheit und Besucher können wieder die 146 Stufen erklimmen.

Aber nicht nur der Turm und seine Aussicht sind eine Reise auf die Südhöhen wert. Auf über 100 Hektar erstrecken sich hier rund um den Turm die Barmer Anlagen mit ihren schönen Parkanlagen, Waldstücken, Denkmälern und einem Observatorium. Vom Barmer Verschönerungsverein 1864 geschaffen, sind die Anlagen einer der größten privaten Erholungsparks bundesweit.

Informationen

Toelleturm in den Barmer Anlagen
Untere Lichtenplatzer Straße 84
42289 Wuppertal
www.barmer-anlagen.de

Öffnungszeiten:
Die Parkanlagen sind jederzeit zugänglich, der Turm ist sonntags von 11 bis 17 Uhr geöffnet. Zusätzliche Öffnungszeiten für Gruppen nach telefonischer Absprache mit dem Barmer Verschönerungsverein, Tel. 0202 / 55 79 27

Mithilfe der NRW-Stiftung konnte der Toelleturm grundlegend saniert werden.

6 STRASSE DER ARBEIT

Wo sich heute die liebliche Landschaft des Naturparks Bergisches Land erstreckt, schlug das Herz der frühen Industrie: Eisen und Stahl, Garne und Tuche, Waffen und Silber wurden hier produziert. Wo und wie genau? Das lässt sich auf der 280 Kilometer langen „Straße der Arbeit" zwischen Radevormwald und Morsbach erkunden. Auch wenn die großen Zeiten der frühindustriellen Fertigung hier schon lange vorbei sind, so haben doch zahlreiche Betriebe deutliche Spuren hinterlassen. Ausführliche Routenbeschreibungen und Streckenpläne helfen nun dabei, sie zu finden – sie sind per Download im Internet erhältlich. Erstellt wurden sie vom Förderverein „Straße der Arbeit".

Mit diesen Plänen und dem Wegzeichen des halbierten Wagenrads folgend, können Wanderer die industriekulturellen Zeugnisse auf acht bis 16 Kilometer langen Etappen erkunden. Natürlich lassen sich die einzelnen Stationen auch per Auto oder Bus ansteuern, dann allerdings verpasst man einige wesentliche Teile der Geschichte. Denn die „Straße der Arbeit" verknüpft abwechslungsreiche Landschaften, Industriegeschichte und Natur-Erleben entlang der Talsperren und Wasserläufe.

Die Verbindungen liegen auf der Hand: Was die Natur bot, nutzten die Menschen für ihre Zwecke. Das Wasser, um Mühlen anzutreiben, die Bodenschätze und das Holz der Wälder, um Werkzeuge oder auch Waffen herzustellen. Und die Wupperwiesen in Wuppertal-Beyenburg, um

Unterwegs auf den Spuren der Bergischen Eisenstraße – hier bei Gummersbach – sieht nicht alles nach Arbeit aus.

Der Oelchenshammer ist eine 1783 in der Nähe von Bickenbach errichtete Schmiede. Die Straße der Arbeit führt hier vorbei: das Teilstück der Roten Route von Engelskirchen nach Kuhlbach.

darauf in der Sonne Stoffe zu bleichen.
Die „Straße der Arbeit" ist in verschiedene Themenabschnitte unterteilt, die farbig gekennzeichnet sind. Sie führen von der Textil- oder Eisenindustrie im Norden bis zur Bergbauregion mit Besucherbergwerk im Süden. Die Wanderungen lassen sich fast ohne Mühen und Arbeit genießen: Gastronomen am Wege bieten nicht nur Stärkung, sondern auch Informationen und bei Bedarf auch Gepäcktransfer.

■ **Informationen**
www.strasse-der-arbeit.de
Info und Buchungen von touristischen Angeboten:
Naturarena
Bergisches Land
Tel. 02266 / 46 33 731
www.naturarena.de

■ Die Präsentation der „Bergischen Natur- und Kulturroute" konnte mithilfe der NRW-Stiftung realisiert werden.

7 TEXTILMUSEUM WÜLFING

Dahlerau an der Wupper um 1900: Der Lärm in der Weberei ist ohrenbetäubend. Für die Arbeiter, die hier Tag für Tag an den mechanischen Webstühlen stehen, sind Gehörschäden fast unausweichlich. Angetrieben wird die rasende und ratternde Maschinerie über Wellen und Riemen von einer 400-PS-Dampfmaschine, für deren Druck die Heizer im Kesselhaus sorgen. Harte Arbeit für weiches Tuch: Bei der Firma Wülfing wurde sie schon seit 1816 geleistet. Das Unternehmen war eine der größten Textilfabriken Deutschlands und zugleich eine Welt für sich, mit Arbeiterwohnungen, Läden, Post und eigenem Bahnhof. 1996 endete die Tuchproduktion in Radevormwald-Dahlerau, aber Besucher finden auch heute noch in der „Textilstadt Wülfing" viel Stoff – zum Schauen und Staunen.
Aber wozu braucht eine Tuchfabrik eine Buchbinderei? Wolfgang Masanek weiß es: Der Textilingenieur hat mehr als 30 Jahre in Dahlerau gearbeitet – unter anderem in der so genannten Dessinatur. Dort entwarfen zweimal jährlich Textildesigner (Dessinateure) die ungeheure Anzahl von 1.000 neuen Gewebemustern für die Frühjahrs- und Herbstkollektionen – fein säuberlich dokumentiert in vielen dickleibigen Musterbüchern voller Stoffproben, die in

SEHENSWERT

Tuchmuseum Lennep
Hervorgegangen aus dem Textilmuseum Wülfing ist das Tuchmuseum Lennep, das sich selbst als „Bewahrer der Geschichte um die Tuchindustrie im Bergischen Land" sieht.

■ Informationen
Hardtstraße 2, 42897
Remscheid - Lennep
Tel. 02191 / 66 92 64
www.wuelfingmuseum.de
Öffnungszeiten:
Di 12-16 Uhr
So 14-17 Uhr

der werkseigenen Buchbinderei gebunden wurden. Hilfswerkstätten gehörten zum industriellen Mikrokosmos, den die Fabrik in Dahlerau bildete und zu dem auch Schreiner, Schlosser, Schmiede und Klempner gehörten.

Nicht nur die Betriebsstätten, auch das Wohnen und Arbeiten bildeten in Dahlerau eine räumliche Einheit. Anders als ihren Produkten, die in alle Welt exportiert wurden, blieben den Wülfing-Beschäftigten weite Wege zumeist erspart. Nach und nach bildete sich um das Werk ein komplettes Lebensumfeld. Schon gegen Ende des 19. Jahrhunderts gab es in der Fabriksiedlung nicht nur einen Arzt, einen Kindergarten, ein Konsumgeschäft und eine Post, sondern darüber hinaus auch eine Schlachterei und eine zentrale Badeanstalt mit Duschen und Wannen. Ein überdurchschnittliches Maß an sozialer Verantwortung ließ die Firmenleitung auch beim vergleichsweise großzügig bemessenen Wohnraum für die Arbeiterfamilien erkennen. Wenn man die Einwohner Dahleraus früher manchmal sogar die „Leute aus den Herrenhäusern“ nannte, so ist das zwar nicht wörtlich zu nehmen, es drückt aber doch die Unterschiede zur oft qualvollen Enge anderer Arbeiterwohnungen des 19. Jahrhunderts aus. Das älteste erhaltene Bauwerk in der Textilstadt ist das 1836 errichtete und später erweiterte Hauptgebäude, in dem

SEHENSWERT

Clarenbach-Denkmal

300 Jahre nach dem Tod des protestantischen Reformators und Märtyrers Adolf Clarenbach (1497-1529) wurde in seinem Geburtsort Lüttringhausen an der Bundesstraße 51 ein gleichnamiges Denkmal errichtet. Einmal jährlich im Sommer findet dort ein musikalisches Gartenfest statt.

■ Informationen

Heimatbund Lüttringhausen e.V.,
Gertenbachstraße 20
42899 Remscheid

sich heute das Wülfing-Museum befindet. Eine abenteuerliche Welt aus riesigen Sälen, nostalgischen Winkeln und imposanten Maschinen erwartet den Besucher.

Dazwischen bilden Faser- und Stoffproben, Spezialgeräte, Arbeitstische, Musterbücher, Fotos und Dokumente eine ebenso bunte wie lehrreiche Szenerie. Keinesfalls versäumen sollten Besucher einen Blick nach draußen, auf den von historischer Industriearchitektur gesäumten Wuppergraben, der mitten durchs Firmengelände führt.

Dem 1997 gegründeten Museumsverein, zu dessen Mitgliedern viele ehemalige Wülfing-Mitarbeiter wie Wolfgang Masanek gehören, ist es maßgeblich zu verdanken, dass das historische Juwel an der Wupper für die Öffentlichkeit gerettet wurde. Kaum zu ermessen ist das ehrenamtliche Engagement, das hier beim Sanieren, Ordnen und Dokumentieren von fast 200 Jahren Industriegeschichte geleistet wurde und nach wie vor noch wird.

Spätestens im repräsentativen Dampfmaschinensaal, dem Herzstück und der Kraftzentrale der Fabrik, dürften auch hartgesottene Museumsmuffel ins Schwärmen geraten: Die zweizylindrige Anlage ist die größte Dampfmaschine des Bergischen Landes, ein Kraftprotz mit Maximalleistungen von über 400 PS. Das metallene Schmuckstück von 1891 bietet blank geputzt auch ein ästhetisches Erlebnis, dem sich wohl niemand entziehen kann.

Informationen

Johann Wülfing & Sohn Museum
Am Graben 4 - 6
42477 Radevormwald / Dahlerau a.d.Wupper
Tel. 02191 / 66 69 94 (Wolfgang Masanek)
Tel. 02191 / 66 32 19 (Rosemarie Kötter)
www.wuelfingmuseum.de

Öffnungszeiten:
April bis Oktober:
So 11-17 Uhr
zusätzlich an Arbeitstagen:
Di & Sa 9.30-12.30 Uhr

Kinder

www.nrw-entdecken.de

Die NRW-Stiftung unterstützte die Einrichtung der ehemaligen Textilfabrik Wülfing in Radevormwald als Textilmuseum.

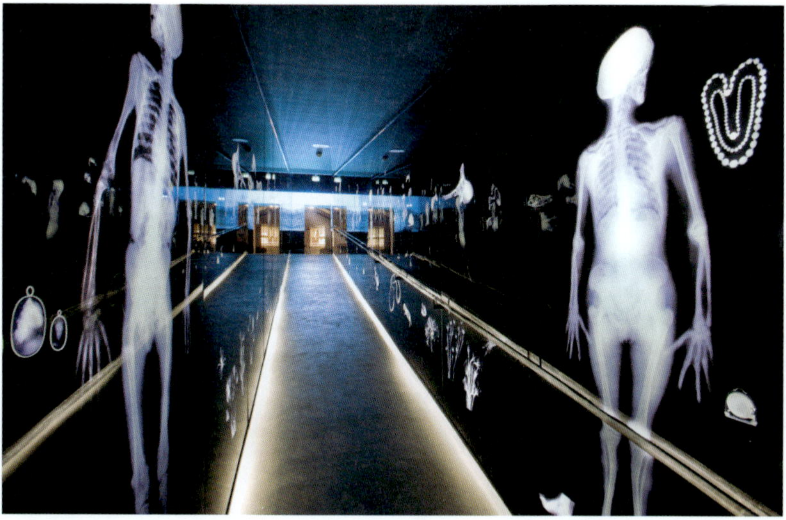

8 DEUTSCHES RÖNTGEN-MUSEUM

Röntgenstrahlen sind unsichtbar, trotzdem haben sie uns eine verborgene Welt enthüllt. Es ist eine Welt voll erstaunlicher Kontraste, wie das Deutsche Röntgen-Museum in Remscheid-Lennep beweist. Vom Physiklabor bis hin zur Jahrmarktsbude erlebt man hier das faszinierende Panorama einer wissenschaftlichen Sensation mit all ihren aufsehenerregenden und manchmal auch kuriosen Folgen. Man kann durch den „Zeittunnel" wandern, darf neugierig in fremden Schränken herumstöbern und sogar dreidimensionale Blicke in die Vergangenheit werfen. Natürlich erfährt man auch, wer eigentlich Wilhelm Conrad Röntgen aus Lennep war: Ein weltberühmter Physiker, der mit seiner großen Entdeckung nie Geld verdiente – und dennoch ein Vermögen verlor.

Es war eine Novembernacht des Jahres 1895, die die Welt verändern sollte. In seinem Würzburger Labor experimentierte Wilhelm Conrad Röntgen damals mit einer Kathodenröhre. Das ist eine Art Glaskolben, in dem ein Gasgemisch durch elektrische Entladungen zum Leuchten

Nicht nur Röntgenbilder des Menschen sind im Museum zu sehen. Auch dieses Bild beeindruckt durch seine Kontraste.

gebracht wird. Moderne Neonröhren arbeiten nach einem ähnlichen Prinzip. Röntgens Entdeckung war allerdings deshalb so aufregend, weil sie auch funktionierte, wenn man den Glaskolben lichtdicht abschirmte. Trotz einer Hülle, die jede Helligkeit verschluckte, begannen in der Nähe des Kolbens manche Materialien immer noch wie von Geisterhand zu schimmern – sie „fluoreszierten".

Doch damit nicht genug: Obwohl alles völlig dunkel blieb, „belichtete" die abgeschirmte Kathodenröhre sogar Fotoplatten und Fotopapier. Und was für seltsame Aufnahmen kamen da zum Vorschein. Neugierig legte Röntgen seine Finger auf eine Fotoplatte – als das Bild entwickelt war, sah der Forscher seine eigenen Fingerknochen!

Es gab keinen Zweifel: Von der Röhre ging eine rätselhafte Strahlung aus. Röntgen nannte sie „X-Strahlung". X stand für das Unbekannte. Paradoxerweise sollte dieses Unbekannte aber schon bald weltberühmt werden. Denn kaum hatte die Presse davon erfahren, verbreitete sich die Nachricht von der Strahlung, die viele lichtundurchlässige Materialien problemlos durchdrang, wie ein Lauffeuer. Die Lüftung eines wissenschaftlichen Geheimnisses eröffnete der Menschheit im wahrsten Sinne des Wortes ganz neue Perspektiven.

Ein wenig geheimnisvoll wirkt es auch heute noch, im Röntgen-Museum den schweren Vorhang vor dem abgedunkelten Raum beiseitezuschlagen, in dem der Versuchsaufbau von 1895 demonstriert wird. Während man sich in die Zeit vor über 100 Jahren zurückversetzt, kann es passieren, dass unversehens ein altertümliches Wandtelefon klingelt. Abnehmen ist erlaubt – im Hörer künden aufgeregte Stimmen vom Beginn der „Röntgenmania", die die Welt schon bald in ihren Bann ziehen sollte.

Wilhelm Conrad Röntgens Name wurde so berühmt, dass man noch heute allgemein vom „Röntgen" spricht, wenn es um Strahlendiagnostik geht. Innerhalb von wenigen Jahren prasselten auf den Forscher fast 40 wissenschaftliche

Durch alte Geräte und Praxiseinrichtungen wird man in die frühe Zeit der Röntgenbehandlung versetzt.

„Ich hatte von meiner Arbeit niemandem etwas gesagt; meiner Frau teilte ich mit, daß ich etwas mache, von dem die Leute, wenn sie es erfahren, sagen würden, der Röntgen ist wohl verrückt geworden."

Wilhelm Conrad Röntgen (1845–1923) „Briefe an L. Zehnder"

Auszeichnungen ein, darunter 1901 der erstmals vergebene Physiknobelpreis. Dem Festakt und seinen spannenden Hintergründen ist im Museum ein ganzer Raum gewidmet.

Röntgen, der 1896 auch Ehrenbürger seiner Geburtsstadt Lennep wurde, war sicherlich kein verkanntes Genie – ein manchmal milde belächeltes aber schon. Der berühmte amerikanische Erfinder Thomas Alva Edison bespöttelte den deutschen Professor, weil der auf sämtliche Patentrechte und die damit verbundenen Einnahmen verzichtete.

Edison selbst vermarktete die X-Strahlen hingegen jahrelang als Angebot für Schaulustige, die einen Blick in den eigenen Körper wagen wollten. Andere Veranstalter taten es ihm nach, und die neue Entdeckung entwickelte sich schließlich zur regelrechten Kirmesattraktion. Im Gewölbekeller des Museums kann man in die bizarre Welt der „Röntgenshows" eintauchen. Doch solche populären Spielereien mit den X-Strahlen offenbarten vor allem eins – eine gefährliche Naivität. Überdosierte Röntgenstrahlen können zu Verbrennungen, Organschäden und genetischen Veränderungen führen. Um 1900 bestrahlte man die Menschen trotzdem manchmal bis zu dreißig Minuten lang. Strahlenschutz war ein Fremdwort, und 1904 bezahlte das etwa Edisons Chefassistent mit dem Leben. Bei all dem blieb Röntgen der reine Wissenschaftler, der er war. Auf eine kommerzielle Verwertung seiner Entdeckung war er nicht angewiesen, denn als Erbe eines reichen Tuchhändlers besaß er bereits ein sehr großes Vermögen. Dass er es mitsamt der Nobelpreissumme nach dem Ersten Weltkrieg verlor, gehörte zu den Ereignissen, die seinen Lebensabend überschatteten. Das Röntgen-Museum in Remscheid-Lennep wurde bereits 1930 gegründet. Es ist aber längst nicht mehr nur ein Museum, sondern auch ein Anlaufpunkt für die Wissenschaft. Überdies veranstaltet es Strahlenschutzlehrgänge. Seit 2005 befindet sich das Haus in einer groß angelegten Phase der Neukonzeptionierung. Im Januar

2010 wurde der zweite Bauabschnitt eröffnet. Die Besucher erleben jetzt ein deutlich erweitertes Angebot und einen fesselnden Rundgang durch die Wissenschaftsgeschichte.
Wilhelm Conrad Röntgen kam 1845 in der damals noch selbstständigen Kreisstadt Lennep zur Welt. Sein Elternhaus liegt nur etwa 150 Meter vom heutigen Röntgen-Museum entfernt. Die Familie wanderte kurz nach der Geburt des Sohnes in die Niederlande aus. Der Vater war als Tuchhändler zu großem Wohlstand gekommen – das Tuchmuseum Lennep zeugt von der Erfolgsgeschichte dieses Handwerkszweiges im Bergischen Land. Auch ein Gang durch die idyllische Lenneper Altstadt mit ihren schieferverkleideten Häusern ist überaus lohnend. Erreicht man ein Haus, das scheinbar „angekreuzt“ ist, so steht man vor dem Röntgen-Museum: Ein großes X symbolisiert dort die Entdeckung der Röntgenstrahlen.

Informationen
Deutsches Röntgen-Museum,
Schwelmer Str. 41
42897 Remscheid
Tel. 02191 / 16 33 84
www.roentgenmuseum.de

Öffnungszeiten:
Di-Fr 10-18 Uhr,
Sa/So/Fei 11-18 Uhr

Mithilfe der NRW-Stiftung konnte eine erweiterte Ausstellungs- und Veranstaltungsfläche realisiert werden.

Eines der meistfotografierten Motive im Bergischen: der Wipperkotten in Solingen, der mithilfe der NRW-Stiftung restauriert wurde.

9 WIPPERKOTTEN

Feucht-kalt ist es. Auf dem Boden liegt gestampfter Lehm und in der Luft das Geräusch eines unermüdlich klappernden Wasserrades. In diesem kleinen Fachwerkhaus, gelegen an der Grenze Solingens zur Nachbarstadt Leichlingen, haben Atmosphäre und Geräuschkulisse die vergangenen Jahrhunderte überdauert. Hier, am Weinsberger Bach, der idyllisch durch die Wipperauen fließt, liegt ein Biotop der Industriegeschichte, in dem noch heute an wassergetriebenen Schleifsteinen gearbeitet wird: der Wipperkotten.
Generationen von Solinger Schleifern nutzten in den vergangenen Jahrhunderten die Wasserkraft der Wupper für den Antrieb ihrer Schleifstellen. Mit ihrer Arbeit in den zeitweise über 100 Kotten sorgten sie dafür, dass der Name der Stadt zu einem Synonym für die Produktion hochwertiger Scheren und Bestecke wurde. Heute, im Zeitalter von Elektroantrieb und Industrierobotern, ist das Gebäude in den Wipperauen der letzte original erhaltene Solinger Schleifkotten.
Im frühen 17. Jahrhundert entstand er als Teil einer Doppelkottenanlage, deren wupperseitiges Gebäude in der Mitte des 20. Jahrhunderts zu

■ Die NRW-Stiftung hat mehrfach Instandsetzungsarbeiten am Kotten unterstützt.

Wohn-, Atelier- und Ausstellungsräumen umgebaut wurde. Im kleineren Außenkotten, der Schleiferei, arbeiten noch bis heute selbstständige Schleifer. Und das aus einem einfachen Grund: Das Wasserrad des Kottens darf niemals stehen bleiben. Würde es auch nur einen Winter lang nicht laufen, liefe für den Kotten gar nichts mehr.

Um den Erhalt des Denkmals zu sichern, wurde 1997 der „Förderverein Schleiferei Wipperkotten" gegründet, der Gebäude und Grundstück in Erbpacht von der Stadt Solingen übernommen hat. Die Schleifstellen werden an Schleifer vermietet, die sich liebevoll um den Betrieb des Kottens kümmern. So ziehen sie die 90 Eschenholzzähne am Antriebskranz des Wasserrades immer wieder fest, schmieren alles, was sich dreht, entfernen Treibholz und Wasserpflanzen aus dem Auffangrechen vor dem Rad und erneuern von Zeit zu Zeit die Schaufeln des Rades. Denn nur so ist es möglich, dass das einzigartige Stück Solinger Tradition erhalten bleibt. Und das Rad sich weiterdreht wie seit Jahrhunderten...

Informationen

Wipperkotten Solingen
Wipperaue 2
42699 Solingen
Tel.: 0212 / 24 73 958
www.schleiferei-wipperkotten.de

Öffnungszeiten:
April bis Oktober
jeden 1. und 3. Sonntag
14–16 Uhr
Besichtigungen und Führungen sind auch nach Voranmeldung möglich:
Tel. 0212 / 247 39 58
Tel. 0212 / 4 13 77
Tel. 0212 / 81 81 78

10 DEUTSCHES KLINGENMUSEUM

„Entbehrliches weglassen und das Nützliche umso vollkommener und schöner gestalten.“

Carl Pott

Wer erfand die Gabel? Seit wann kennen Menschen die Schere, das Messer, den Löffel? Wie fertigte man in früheren Zeiten einen Degen und welches Material verwendete man dafür? Das Deutsche Klingenmuseum in Solingen geht diesen und anderen Fragen zu Blankwaffen und vertrauten Alltagsgegenständen nach.
Im ehemaligen Klosterhof Gräfrath wird die Tischkultur mit ihren Sitten und Gebräuchen in den vergangenen Jahrhunderten porträtiert. Bestecke und Gedecke, wie wir sie heute kennen, waren im Mittelalter noch weitgehend unbekannt. Weil es bis zum Beginn des 18. Jahrhunderts auch an der Tafel allgemein üblich war, seine Speisen mit den Fingern zu essen, mussten diese schon vorher mundgerecht zugeschnitten werden. Das Vorschneiden wurde aber nicht von Dienern oder Mägden übernommen, sondern blieb die vornehme Aufgabe von hohen Würdenträgern. Bauern und andere einfache Leute hatten dagegen vielfach nur ein einziges Messer, das sowohl zur Arbeit als auch zum Aufspießen des Fleisches diente. Der Gebrauch der Gabel ist sogar erst seit dem 16. Jahrhundert bekannt.

In einer der größten thematischen Sammlungen präsentieren sich Bestecke und Schneidwerke aller Epochen und Kulturen ebenso wie die Handwerkskunst der alten Solinger Schwertschmiede. Der große Bedarf an Blankwaffen wie beispielsweise Degen führte im 30-jährigen Krieg (1618 bis 1648) zu einer bis dahin nicht gekannten Nachfrage nach Klingen. Der weitaus größte Teil von ihnen war nicht etwa für Prunkwaffen, sondern für den Einsatz im Feld bestimmt. Bündelweise belieferten die Solinger Klingenschmiede nahezu alle kriegführenden Nationen in Europa. Die Sammlung

heimischer Ausstellungsstücke erlaubt tiefe Einblicke in die Geschichte und Vielfalt dieses typisch bergischen Handwerks.
Schon 1904 richtete die Solinger Fachschule für Metallgestaltung eine Vorbildersammlung für ihre Schüler ein, 1954 entstand daraus das Deutsche Klingenmuseum. Die NRW-Stiftung unterstützte das Museum beim Kauf von Exponaten für eine höfische Tafel des 18. Jahrhunderts und beim Erwerb einer Besteckssammlung des 20. Jahrhunderts. Schon bald nach der Eröffnung besaß das Museum die umfangreichste Besteckssammlung der Welt. Dazu gehört unter anderem das Pott-Archiv: Carl Pott war die prägende Persönlichkeit an der Spitze der Firma „C. Hugo Pott, Spezialfabrik silberner, versilberter, rostfreier Bestecke und Tischgeräte", die er zu einer Manufaktur mit Weltgeltung machte. Mehr als 100 Jahre (1904 – 2005) war die renommierte

Das beidhändige Trabantenschwert wurde um 1580 von dem Solinger Schmiedemeister Johann Allich angefertigt.

Mit ihren reichen Verzierungen erfüllten die großen Bidenhänder bisweilen auch repräsentative Zwecke.

Besteckfirma in Solingen ansässig. Das klare, am Bauhaus-Gedanken orientierte Design der Bestecke und Tafelgeräte und die Qualität der Verarbeitung machten Pott-Bestecke und Tafelgeräte international bekannt.

Mit dem Umzug des Museums in den Klosterhof Gräfrath bot sich 1991 die Möglichkeit, die Sammlung durch zusätzliche Exponate zu ergänzen. In der ehemaligen Klosterkirche in Solingen-Gräfrath hat sich der bedeutende Kirchenschatz des Klosters erhalten. Wertvolle Goldschmiedearbeiten aus gotischer und barocker Zeit geben Zeugnis vom religiösen Leben in dem einstigen Wallfahrtsort. Dieser einzigartige Kirchenschatz, heute im Besitz der Kirchengemeinde St. Mariä Himmelfahrt Solingen-Gräfrath, ist als Dauerausstellung in das Deutsche Klingenmuseum integriert. Als Schatzkammer dient ein Kreuzgangflügel des ehemaligen Stiftsgebäudes, der ursprünglich als Seitenschiff zur romanischen Klosterkirche gehörte.

Ein besonderes Exponat stellt das beidhändige Trabantenschwert aus der Schutztruppe des Herzogs von Braunschweig-Wolfenbüttel dar. Das ungewöhnlich qualitätsvolle Stück wurde um 1580 von dem Solinger Schmiedemeister Johann Allich angefertigt. Schwerter dieses Typs konnten durchaus 1,60 bis 1,90 Meter lang sein. Wer ein solches Schwertungetüm zu führen verstand, gehörte damit zu einer militärischen Elite, die den doppelten Sold erhielt: den Doppelsöldnern. Man setzte sie zum Beispiel ein, wenn es darum ging, die Fahne der eigenen Truppe vor der Eroberung zu schützen.

Aber auch bei den so genannten „Trabanten" spielten Bidenhänder eine wichtige Rolle – bei den Leibwächtern und Schutztruppen adliger Herren. Mit seinen reichen Verzierungen weist das Trabantenschwert im Klingenmuseum allerdings darauf hin, dass die großen Bidenhänder bisweilen auch repräsentative Zwecke erfüllten – als so genannte „Vortrageschwerter", die dem Herrscher vorangetragen oder die bei Zeremonien genutzt wurden.

Informationen

Deutsches Klingenmuseum Solingen Gräfrath
Klosterhof 4
42653 Solingen
Tel. 0212 / 25 83 60
www.klingenmuseum.de

Öffnungszeiten:
Di-So 10-17 Uhr
Fr 14-17 Uhr

Die NRW-Stiftung unterstützte das Museum beim Kauf von Exponaten.

11 STATION NATUR UND UMWELT

Klimaschutz predigen, aber Energie zum Fenster hinaus zu heizen – das passt schlecht zusammen. Eine ungute Erinnerung beschleicht die Mitglieder des Fördervereins der „Station Natur und Umwelt" in Wuppertal, wenn sie an das schlecht isolierte Gebäude zurückdenken, das ihnen viele Jahre als Treffpunkt und Veranstaltungsort diente. Doch damit ist es jetzt vorbei. Seit ihr neues Quartier fertig ist, können sie mit gutem Gewissen für das Ökobewusstsein ihrer Mitmenschen werben.

Die Station mitten im Naturlehrgebiet setzt neue Maßstäbe im ökologischen Bauen: Das moderne Holzhaus besticht durch seine Passivbauweise. Solaranlagen, begrünte Dächer und ein Windrotor sorgen für den Energiehaushalt.

Sieben Hektar große Lehr- und Erlebnisgelände unmittelbar vor dem Haus runden das Bild der

Informationen

Station Natur und Umwelt und Förderverein der Station Natur und Umwelt e. V.
Cronenbergerstr. 375a
42349 Wuppertal
Tel. 0202 / 563 - 62 91
www.stnu.de

Kinder

- Wald-Olympiaden
- Räuberfreizeiten
- „Schneckengruppe"

Station ab. Zu jedem Thema und für jede Jahreszeit gibt es hier das passende Biotop: vom Teich bis zum Laubwald, von der Trockenmauer bis zur Blumenwiese; gleich nebenan liegt das Landschaftsschutzgebiet Gelpetal, wo man naturbelassene Bäche untersuchen, ausgedehnte Laubwälder durchstreifen und spannende Heimatgeschichte erkunden kann.
Ganz gleich, ob Kinder und Jugendliche Vorwissen mitbringen oder auf ein neues Thema eingestimmt werden müssen, hier springt das Interesse für die Natur ganz schnell über.
19 Fachkräfte arbeiten auf Honorarbasis, darunter mehrere Biologen. Die meisten Veranstaltungen richten sich an den Nachwuchs. Im Mittelpunkt steht das spielerische Erforschen der Natur, beispielsweise im Rahmen einer „Wald-Olympiade“, einer „Räuberfreizeit“ oder als Wald-Detektive. Wer mit den Grashüpfern und Fröschen noch nicht mithalten kann, kommt einmal wöchentlich in die „Schneckengruppe“. Aber auch Erwachsene, die heimische Wildkräuter und Heilpflanzen kennenlernen möchten, sind hier an der richtigen Adresse.

■ Die NRW-Stiftung unterstützte die Station Natur und Umwelt bei der Inneneinrichtung des neuen Hauses.

Zurück zur Natur mit all ihren Facetten: Die „Station Natur und Umwelt“ trägt ihre Ziele im Namen.

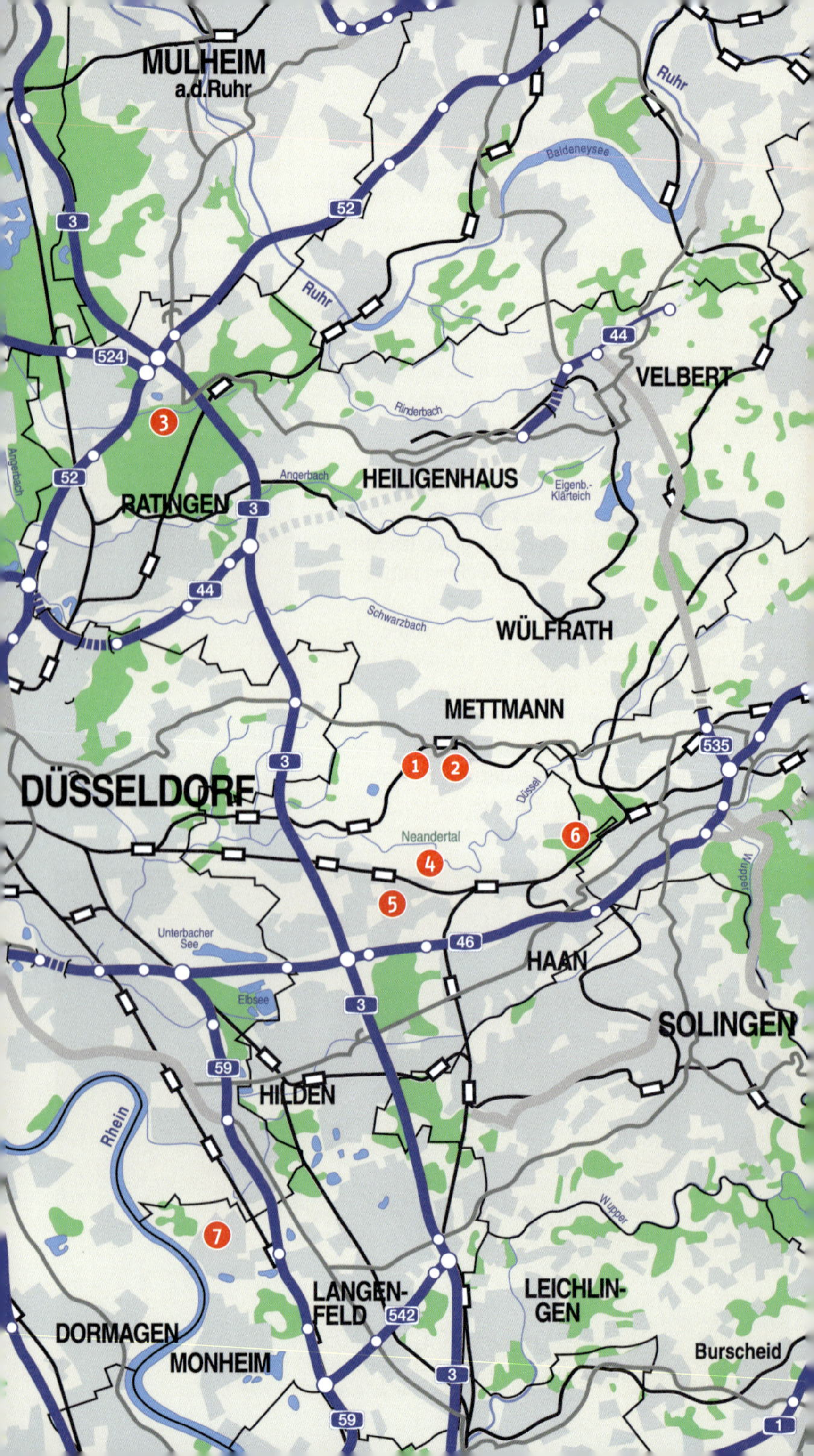

MULHEIM a.d.Ruhr
Ruhr
Baldeneysee
52
3
Ruhr
524
44
VELBERT
3
Rinderbach
Angerbach
52
Angerbach
HEILIGENHAUS
Eigenb.-Klärteich
RATINGEN
3
44
Schwarzbach
WÜLFRATH
METTMANN
535
3
1
2
DÜSSELDORF
Düssel
Neandertal
6
4
5
Wupper
Unterbacher See
46
HAAN
Elbsee
3
SOLINGEN
59
HILDEN
Rhein
Wupper
7
LANGEN-FELD
542
LEICHLIN-GEN
DORMAGEN
MONHEIM
Burscheid
3
59
1

RUND UM METTMANN

WO DIE URSPRÜNGE DER MENSCHHEIT LIEGEN

Gibt es irgendwo auf der Welt ein bekannteres Tal als das Neandertal in Mettmann und Erkrath? Den Namen hat wohl jeder schon gehört. Jeder kennt den Neanderthaler, dessen fossile Überreste hier Mitte des 19. Jahrhunderts gefunden wurden. Aber wie sieht es eigentlich heute aus, dieses Tal, welches das Flüsschen Düssel gebildet hat? Wer es noch nicht kennt, wird überrascht sein, welche Idylle hier zwischen den Ballungsräumen der Rheinschiene, des Ruhrgebietes und des Bergischen Industrieraumes zu finden ist. Das Naherholungsgebiet Neandertal erstreckt sich von Erkrath über Mettmann und Haan-Gruiten bis an die Tore der Stadt Wuppertal und bietet ein weitläufiges Netz von Wanderwegen in lieblicher Landschaft. Das Tal selbst übrigens hat im Laufe der letzten Jahr-

Bild oben:
Pferde im Sonnenuntergang in Wülfrath.

Zur Stadt Erkrath gehören die Fundstelle des Neanderthalers und Teile des Naturschutzgebietes Neandertal. Das Neanderthal Museum gehört zu Mettmann.

hunderte ganz erhebliche Veränderungen durchgemacht. Benannt ist es nach dem Pastor Joachim Neander. Er stammte aus Bremen, leitete in den 1670er-Jahren die Düsseldorfer Lateinschule und erlangte eine gewisse Bekanntheit als Dichter von Kirchenliedern, das vielleicht populärste: „Lobet den Herren, den mächtigen König der Ehren“. Einige seiner kirchlichen Hits soll er in dem Tal geschrieben haben, das zu seiner Zeit „Gesteins“ hieß und in weiten Teilen vollkommen anders aussah als heutzutage: Bevor in der zweiten Hälfte des 19. Jahrhunderts der Kalkabbau in großem Stil einsetzte, war das Tal der Düssel eine enge, streckenweise bis zu 50 Meter tiefe Schlucht mit teils überhängenden Felsen, mit Höhlen und Wasserfällen.

Dass diese ursprüngliche Naturschönheit verschwunden ist, mag man bedauern. Ohne die Steinbrüche jedoch wären die Neanderthaler-Knochen – zumindest an dieser Stelle – vielleicht nie gefunden worden. Davon abgesehen hat sich die Natur längst von den Steinbruch-Arbeiten erholt: Das Neandertal ist zu einer neuen Natur-Idylle geworden. Weitere Beispiele dafür, wie sich in ehemaligen Steinbrüchen neue und reiz-

volle Naturlandschaften bilden, finden sich vielerorts in der Nähe. Etwa die „Grube 7“ in Haan-Gruiten, einem ehemaligen Dolomitsteinbruch, deren Grundwassersee Mittelpunkt eines beliebten Rundwanderweges ist.
Im Kreis Mettmann finden sich aber auch Stücke ganz urwüchsiger Natur, etwa das Naturschutzgebiet „Hildener Heide“, Herzstück des Naherholungsgebiets Ittertal. Entlang des Flüsschens Itter erstreckt sich das Areal bis an die Grenze von Solingen. Die Hildener Heide ist ein letztes Stück der Heide- und Moorlandschaft, wie sie als Übergang zur Rheinebene typisch war: ein eher sandiges Gebiet mit freien Heideflächen, das sich mit dichtem Bruchwald oder typischen Bachlandschaften abwechselt. Hier gibt es noch den seltenen Gagelstrauch und andere rar gewordene Pflanzen und Tiere.
Eine der wichtigsten Keimzellen der Industrialisierung Deutschlands findet sich allerdings ebenfalls im Kreis Mettmann: 1783 gründete Johann Gottfried Brügelmann die erste Fabrik „nach englischem Vorbild“ in Ratingen. Heute sind die „Hohe Fabrik“ und das Herrenhaus Cromford in Ratingen eindrucksvolle Industriemuseen. Angetrieben von einem mächtigen Wasserrad, verarbeiten hier die originalgetreu rekonstruierten Spinnmaschinen wie vor 200 Jahren Baumwolle zu Garn.

Sonnenuntergang am Rhein.

1 NEANDERTHAL MUSEUM

Der wahrscheinlich berühmteste Nordrhein-Westfale lebte vor etwa 40.000 Jahren: der 1856 von Steinbrucharbeitern entdeckte und drei Jahre später durch den Elberfelder Naturwissenschaftler Johann Carl Fuhlrott als Frühmensch erkannte *Homo sapiens neanderthalensis*. Heute gilt er als Kronzeuge der Evolutionsgeschichte des Menschen. Der Fundort, an dem vor wenigen Jahren weitere Knochen des Neanderthalers gefunden worden sind, ist mit dem Neanderthal Museum ein Anziehungspunkt geworden, der rund 170.000 Besucher jährlich anlockt.

Das Neanderthal Museum und seine Ausstellung wurden national und international mehrfach preisgekrönt. Besonders eindrucksvoll ist auch die außergewöhnliche Architektur von Günter Zamp Kelp, Julius Krauss und Arno Brandlhuber, die das Besucherauge schon von weitem anzieht. Das bläuliche Glas des spiralförmigen Gebäudes lässt das Museum von Weltruhm schon fast unwirklich in der unter Naturschutz stehenden Tallandschaft erscheinen.

Im Innern sind besonders die zahlreichen Rekonstruktionen beeindruckend, die mittels modernster gerichtsmedizinischer Verfahren naturgetreu nachgebildet werden konnten. Das museumspädagogische Konzept weist allerdings weit über die Epoche des Neanderthalers hinaus: Der Besucher unternimmt eine Zeitreise durch die Menschheitsgeschichte – von den Anfängen in den afrikanischen Savannen vor mehr als vier Millionen Jahren bis in die Gegenwart.

Der Neanderthaler ist Veranlassung, über die gesamte Entwicklungsgeschichte des Menschen nachzudenken. Der Gang durch das Museum beginnt mit dem Einführungsraum, in dem die Geschichte des Neandertals und die Fundgeschichte des Neanderthalers präsentiert werden. Am Ende des Einführungsraumes werden die entscheidenden Abschnitte der Humanevolution erstmals chronologisch vorgestellt. Auf den Einführungsraum folgen fünf Themenräume:

WISSENSWERT

Mit oder ohne „h"?

Neanderthaler – aber Neandertal? Tatsächlich ist die unterschiedliche Schreibweise verwirrend. Die Stadt Mettmann liefert auf ihrer Internetseite eine logische Erklärung, deren Fazit lautet: „Heute sollten Ortsbezeichnungen das Neandertal ohne h bezeichnen. Alle Namen, die sich auf den prähistorischen Menschen beziehen, führen das h." Auch das Neanderthal Museum benutzt das h – und zwar als „Reminiszenz an die Zeit der Entdeckung des Skelettes, als in Deutschland Tal noch mit h geschrieben wurde".

Morphing-Station
Morphing-Station
Eine Weltneuheit!
Latest Invention!
How would I look like...

Wer bin ich? – Woher komme ich? – Wohin gehe ich? – Besucherinnen vor einer Afrika-Karte im Neanderthal Museum.

Leben und Überleben, Werkzeug und Wissen, Mythos und Religion, Umwelt und Ernährung sowie Kommunikation und Gesellschaft.

In jedem Themenraum wird ein chronologischer Abriss der Menschheitsentwicklung gegeben. Neanderthaler – verkörpert durch Dermoplastiken – bilden jeweils einen Schwerpunkt der Präsentation. Neanderthalerfrauen, -männer und -kinder unterschiedlichen Alters sitzen und stehen dem Besucher in Lebensgröße gegenüber.

1997 gelang es dem Archäologen Ralf W. Schmitz gemeinsam mit seinem Kollegen Jürgen Thissen, den Ort wiederzuentdecken, an dem die Knochenreste des berühmten *Homo sapiens neanderthalensis* unter dem Schutt des Kalkabbaus verborgen lagen. 1856 hatten Arbeiter beim Ausräumen der Feldhofer Grotte Skelettteile eines Menschen gefunden. Johann Carl Fuhlrott, ein Lehrer aus Elberfeld, identifizierte sie als Knochen eines Frühmenschen und beschrieb den Fundort. Doch die Grotte war durch den Kalkabbau bereits unrettbar verloren. Seither suchten Forscher im Neandertal nach Spuren des Originalfundorts – an den falschen Stellen. Das Gelände, an dem die Schuttreste aus der

■ Die NRW-Stiftung ist Eigentümerin des Museums. Sie finanzierte im Jahr 1996 dessen Neubau. Außerdem ermöglichte sie den Kauf der Grundstücke, an denen die Fundstelle liegt. Im Jahr 2006 unterstützte die NRW-Stiftung maßgeblich die Überarbeitung der Dauerausstellung sowie die Einrichtung der benachbarten Steinzeitwerkstatt.

Grotte tatsächlich lagen, wurde zwischenzeitlich als Gewerbefläche genutzt.
Seit dem 10. Juli 2002 steht die Fundstelle des Neanderthalers als archäologische Erinnerungslandschaft Besuchern offen. Die Landschaftsarchitekten Jan Wehberg und Cornelia Müller haben als Preisträger eines internationalen Wettbewerbs den Ort erfahrbar gemacht. Die historischen und natürlichen Zeugnisse des Ortes wurden im Rahmen der EUROGA 2002plus mit erklärenden architektonischen Elementen zu einer außergewöhnlichen Inszenierung zusammengefügt.
Teil der Inszenierung sind mächtige Steinkreuze, die das Messnetz der Welt sichtbar machen und den Fundort markieren. Eine 200 Meter lange Zeitachse mit kulturellen Meilensteinen symbolisiert 2,5 Millionen Jahre Menschheitsgeschichte. Zwei Botanika berichten von der Umwelt des Eiszeitalters und Klimakreuze dokumentieren den Klimaverlauf. Das Ausgrabungsareal ist ebenso ausgewiesen wie die ehemalige Lage der Feldhofer Grotte. Große Steinliegen laden zum Ausruhen und zur Reflexion über den verloren gegangenen Ort ein. Infokreuze mit Lese- und Hörtexten bieten entscheidende Hinweise zum Verständnis der Talgeschichte. Die Aura des Ortes ist spürbar und wird beflügelt von dem Wissen, dass unter den Füßen der Besucher vielleicht noch weitere Überreste des Neanderthalers liegen.

Die Landschaftsarchitekten Cornelia Müller und Jan Wehberg inszenieren die Fundstelle als archäologischen Garten mit Steinkreuzen, Zeitachsen, Fluchtstangen und Liegen.

Informationen

Neanderthal Museum
Talstraße 300
40822 Mettmann
Tel.: 02104 / 97 97 97
www.neanderthal.de

Öffnungszeiten:
Di-So 10-18 Uhr
Fundort:
Di-Fr 10-18 Uhr

Kinder

- Steinzeitgeburtstag
- Steinzeitwerkstatt
- Eigener Kinderbereich im Internet

www.nrw-entdecken.de

2 STEINZEITWERKSTATT

Vom hellgrünen Glasrund des Neanderthal Museums sind es nur wenige Gehminuten zum klassischen Fundort des Frühmenschen. Dennoch nehmen viele Schulklassen, Kinder- und Jugendgruppen den entgegengesetzten Weg, um vom Museumsparkplatz in die Vorgeschichte zu gelangen. Denn 400 Meter bachaufwärts liegt idyllisch am Ufer der Düssel die „Steinzeitwerkstatt Neanderthal". Unter sachkundiger Anleitung können Neugierige dort prähistorische Techniken ausprobieren – von der Felsmalerei über das Feuermachen bis zum Ledergerben.

Den Auftakt einer Geburtstagsfeier bildet heute ein kleiner Pirschgang durchs Tal der Düssel. Museumspädagogin Andrea Schneider mimt die Anführerin, erklärt Wildpflanzen, liest mit den Kindern Tierspuren und lässt Haselnüsse sammeln. Dass sie die erst vor 20 Minuten dort deponiert hat, muss ja niemand wissen. „Wer im Februar spätsommerliche Jäger- und Sammler-Atmosphäre zaubern will, darf auch ein bisschen nachhelfen", findet sie. „Für die Kleinsten ist Abwechslung gefragt, Wissenschaft allein reicht da nicht", erläutert die Leiterin der Museumspädagogik, Beate Schneider. „Die Kinder haben zum Beispiel noch keine Vorstellung von den Zeiträumen. Was sind 60.000 Jahre?"

Alles, was länger zurückliegt als die Kindheit der Großeltern, ist für sie eine Ewigkeit her. „Wenn wir den Vor- und Grundschülern etwas mitgeben, dann sind es Eindrücke, die sie durch Vergleich mit ihren Alltagserfahrungen gewinnen." Was die Leiterin der Steinzeitwerkstatt meint, wird klar, als sich die Geburtstagskinder im „Höhlenraum" versammeln und den Nuss- und Beeren-Imbiss eröffnen. „Was haben die Steinzeitmenschen denn wohl getrunken, Limo oder Cola?", fragt die Pädago-

SEHENSWERT

Tiere und Menschen
Die Tiere im Wildgehege sollen eine Vorstellung von der Fauna zur Zeit des Neanderthalers geben: Diese Ziele hat sich das „Wildgehege Neandertal" zur Aufgabe gemacht. Die räumliche Verbindung zwischen Neanderthal Museum und Wildgehege wiederum schafft der Kunstweg „Menschenspuren", der mittels zehn Skulpturen zur Selbstreflexion über die Natur des Menschen auffordert.

■ Informationen
www.neanderthal.de
www.wildgehege-neandertal.de

gin. „Die hatten doch nur Wasser!", protestiert Geburtstagskind Nele fröhlich. Im renovierten Museumsaltbau, der heute die Steinzeitwerkstatt beherbergt, geben sich Schulklassen und die Teilnehmer von Mitmach-Aktionen, Kindergeburtstagen und Workshops die Klinke in die Hand. 23.000 überwiegend junge Besucher kamen allein im vergangenen Jahr. Die Themen sind nicht auf den Neanderthaler beschränkt. Sie reichen von den Handwerkstechniken der Altsteinzeit bis zum mittelalterlichen Bogenbau. Kinder und Jugendliche können je nach gebuchtem Programm mit eiszeitlichen Farbpigmenten malen, Muschel- und Specksteinschmuck anfertigen oder aus Holz, Steinklingen und Steinzeitkleber ein Messer herstellen.

Hinter jedem Höhlen-Praktikum steht eine glaubwürdige Didaktik: Was sie selbst ausprobieren, das verstehen und behalten die Schüler viel leichter, ganz gleich ob sie Getreide zwischen zwei dicken Steinen mahlen oder ob jeder einen Lederbeutel näht, mit Knochennadel und Sehne. „Der Blick in die Vergangenheit muss nicht der Blick auf einen Bildschirm sein", klärt Schneider auf, „in unserer Steinzeitwerkstatt entsteht Geschichte in den Händen jedes einzelnen Teilnehmers."

Dabei sind es keineswegs nur Schüler, die den Trip in die Vergangenheit antreten. Im Bogenbau-Workshop stehen an diesem Wochenende beinahe ausschließlich gestandene Männer an der Werkbank.

Informationen

Die Steinzeitwerkstatt ist in dem alten Museumsgebäude untergebracht, das nur wenige Fußminuten vom neuen Museum entfernt liegt:
Talstraße 300
40822 Mettmann
Tel. 02104 / 97 97 0
www.neanderthal.de

Kinder

- Regelmäßig finden hier Kurse, etwa zum Bogenbau oder zur Herstellung von Steingeräten statt.

3 DICKER TURM RATINGEN

Ratingen ist die Stadt der „Dumeklemmer“ – der „Daumenklemmer“. Der Spitzname entstand, so die Legende, weil die Ratinger einst dem heiligen Suitbertus das Stadttor vor der Nase zuschlugen. Der Heilige, der eigentlich gekommen war, um den damals heidnischen Ratingern das Christentum zu predigen, klemmte sich dabei schmerzhaft den Daumen ein. Erzürnt sprach er einen Fluch aus: Jedes Kind in der Stadt möge fortan mit einem besonders breiten Daumen zur Welt kommen. Ihre dicken Daumen hinderten die Ratinger aber nicht, später doch noch gute Christen zu werden – und erst recht nicht beim kräftigen Zupacken, als sie im 15. Jahrhundert das Wahrzeichen ihrer Stadt erbauten: den „Dicken Turm“.

Jeder Ratinger darf sich Dumeklemmer nennen, aber nicht jeder erhält auch gleich die Dumeklemmer-Plakette. Der Heimatverein „Ratinger Jonges“ hat sie für Menschen mit besonderen Verdiensten um die Stadt gestiftet. Solche Verdienste hat sich der Verein aber auch selbst erworben. Die Erhaltung historischer Gebäude ist ihm ein besonderes Anliegen. Von diesem En-

Drei Führerinnen sagen „Daumen hoch“: Anneliese Robertz, Gisela Schöttler und Claudia Gärtner.

gagement profitierte auch der „Dicke Turm“, der wichtigste Zeuge der mittelalterlichen Ratinger Stadtmauer, die einmal 15 Türme und vier Tore umfasste.

Trotz seines Namens sahen die Zukunftsaussichten für den restaurierungsbedürftigen „Dicken Turm“ lange eher mager aus, denn es fehlte eine zündende Idee, was mit ihm passieren sollte. Doch 2006 entschlossen sich die „Ratinger Jonges“, wieder Leben in das 13 Meter hohe Gebäude mit den 3,50 Meter starken Mauern zu bringen. Der Spendenaufruf „Jeder Baustein ist wichtig“ erbrachte 40.000 Euro für den guten Zweck. Zusammen mit Geldern des Vereins und mit Unterstützung der NRW-Stiftung war so eine gründliche Turmsanierung möglich.

Ob sich während der Bauarbeiten jemand den Daumen eingeklemmt hat, bleibt ein Geheimnis. Verraten aber sei: Mit dem heiligen Suitbertus hat der Ratinger Spitzname wohl kaum etwas zu tun. Die wahrscheinlichste Erklärung für den Ausdruck „Dumeklemmer“ ist eher makaber: Ratingen war früher einmal Sitz eines Scharfrichters. Und der legte bisweilen auch die Daumenschrauben an.

Informationen

Der Dicke Turm befindet sich in der Nähe der Ratinger Fußgängerzone und wird unter anderem als Treffpunkt für Stadtbesichtigungen des Tourismusvereins genutzt.

Die NRW-Stiftung unterstützte den Verein bei der Restaurierung des mittelalterlichen Turmes.

4 LOKSCHUPPEN HOCHDAHL

Ein Höhenunterschied von 82 Metern auf einer Strecke von 2500 Metern zwischen Erkrath und Hochdahl – für die heutigen Elektroloks ist das ein Kinderspiel. Doch um diese Steigung nur mit der Kraft des Dampfes zu überwinden, war bis in das Jahr 1926 ausgefeilte Technik notwendig. Im Museum Lokschuppen „Erkrath-Hochdahl" erleben die Besucher, wie es tonnenschwere Lokomotiven mit Hilfe von findigen Ingenieuren von der Rheinebene bis ins Bergische Land schafften.
Bevor es die Eisenbahn gab, brauchte ein Pferdefuhrwerk vom Tal der Wupper bis zum Rhein etwa sechs Stunden – aus heutiger Sicht viel zu lange. Außerdem war der Weg zum Rheinhafen in Düsseldorf von den Fuhrwerken mit ihren schweren Lasten bald so zerstört, dass die Unternehmer im Tal der Wupper um ihren Umsatz bangten. Friedrich Harkort, ein Industriepionier aus Wetter an der Ruhr, erkannte als erster das Potenzial der Eisenbahn. 1825 rief er öffentlich dazu auf, zwischen Köln und Minden ein Schienennetz zu bauen. Doch verwaltungstechnische Hindernisse und skeptische Mitbürger verschleppten das Bauvorhaben bis ins Jahr 1838. Dann endlich rollte der erste Zug auf dem Teilstück von Düsseldorf nach Erkrath.

Informationen
Museum Lokschuppen
Ziegeleiweg 1-3
40699 Erkrath
Tel. 02104 / 477 63
www.lokschuppen-hochdahl.de

Öffnungszeiten:
April bis Oktober jeweils am 2. und am 4. Sonntag eines Monats 11-17 Uhr

Die NRW-Stiftung half dem Verein bei einer Ausstellung im Lokschuppen und der Verlegung von Gleisen.

5 NATURSCHUTZZENTRUM ERKRATH

Das Erkrather Naturschutzzentrum, eine ehemalige Volksschule, dient dazu, Kinder und Jugendliche zu einem verantwortungsvollen Umgang mit der Umwelt zu erziehen. Die Umgebung bietet sich an für Exkursionen zu Obst- und Feuchtwiesen, in eine Sandgrube und in das nahe gelegene Neandertal. Aktive Mitarbeit leisten die Kinder, wenn es darum geht, Kopfweiden zu schneiden, Gewässer zu pflegen und zusammen mit den örtlichen Naturschutzverbänden Gewächse zu pflanzen.

In einer besonders kreativen Aktion ist ein Indianerzelt aus Zweigen entstanden. Unter dem raschelnden grünen Blätterdach spüren die Kinder hautnah, dass Computerspiele und Fernseher nicht die einzige Möglichkeit sind, etwas zu erleben. Die Kleinen begeistern sich hier vor allem für Fledertiere, Reptilien, Amphibien und Insekten, für die Großen bieten Vorträge zu Kulturlandschaftspflege oder Biotop-Management interessante Anregungen. Etwas lernen können Naturbegeisterte auch beim Blick über den Zaun der weitläufigen Gartenanlage. Hier bewirtschaften fleißige Hobbygärtner in Eigenregie ihre Beete. So entsteht eine bunte Vielfalt unterschiedlicher Gartenentwürfe.

Informationen

Naturschutzzentrum Bruchhausen
Bruchhauser Str. 47-49
40699 Erkrath
Tel. 02104 / 79 79 89
www.naturschutzzentrum-bruchhausen.de

Kinder

- Ausflüge, Workshops und aktive Mitarbeit dienen der Erziehung zu einem verantwortungsvollen Umgang mit der Natur.

Die Räume der ehemaligen Schule konnten mit Unterstützung der NRW-Stiftung als Naturschutzzentrum eingerichtet werden.

6 HAUS AM QUALL

> **SEHENSWERT**
>
> **Natur pur**
> Vor allem die Bachtäler rund um die Gartenstadt Haan beherbergen schützenswerte Natur. Besonders interessant sind die aufgelassenen Steinbrüche in der Nähe von Gruiten-Dorf, wo seltene Orchideen oder Kreuz- und Geburtshelferkröten zu finden sind. Ein weiterer Schwerpunkt des Naturschutzes vor Ort ist die Pflege der für das Haaner Umfeld typischen Kopfbäume.
>
> ■ Informationen
> www.haan.de

Günther Harth hat's ausgerechnet: „6.000 Kilo Mörtel und Zement haben wir verbaut, 4.964 Edelstahlschrauben verschraubt und 62 Tonnen Schutt aus dem Haus geholt." Dass die Laienhandwerker 2.500 Stück Kuchen verputzten, während sie in 10.000 Arbeitsstunden den jahrhundertealten Bau in Gruiten-Dorf retteten, steht auch in Harths Statistik. Mathematiklehrer ist er – und Vorsitzender des „Fördervereins Haus Am Quall". Wer es betritt, muss unter niedrigen Türen den Kopf einziehen, hört im Winter die Holzscheite im Kamin knacken und sieht, wenn er durch die kleinen Fenster linst, die jüngeren Kollegen des alten Gebäudes. In dem ländlichen 800-Einwohner-Dorf knubbeln sich die schwarz-weißen Fachwerk- und Schieferhäuser entlang der schmalen Straßen. Für die meisten wurde im 17. und 18. Jahrhundert der Grundstein gelegt. Das Haus Am Quall ist älter – seine Geschichte reicht wahrscheinlich bis ins 16. Jahrhundert zurück. Neben ihm steht der Fluchtturm: Mit seinen dicken Mauern bot er seit dem 14. oder 15. Jahrhundert Schutz. Beide sind die letzten Zeugen einer alten Bauernschaft – jetzt stehen sie unter Denkmalschutz.

Geschützt sind auch 25 andere Häuser, Kirchen und Mauern in Gruiten-Dorf. Die weiß gekalkte evangelische Pfarrkirche von 1720 ist ein eleganter Saalbau, das Heinhauser Schlösschen sticht mit seiner verbretterten Fachwerkfassade heraus. Das kleine Dorf, wo der Mühlbach in die Düssel fließt, liegt aber nicht im Dornröschenschlaf: Fast alle denkmalgeschützten Bauten sind bewohnt oder werden genutzt.

Marode und heruntergekommen war das Fachwerkhaus Am Quall. Die Stadt Haan wollte vor sieben Jahren nur noch eins – es loswerden.

Günther Harth erinnert sich: „Wir haben damals nicht etwa unsere Begeisterung fürs Renovieren entdeckt, wir wollten einfach den Verkauf verhindern.“ Das tat der schnell gegründete Förderverein, pachtete das alte Gemäuer für ein paar Mark – und verpflichtete sich als Gegenleistung zur Renovierung. Die Vereinsmitglieder ließen sich auf das Abenteuer ein, mauerten, verputzten, füllten Fachwerkgefache, legten sogar den Keller tiefer. Handwerkliche Laien waren sie: „Es hat kaum einer geglaubt, dass wir das schaffen“, sagt Vereinsvorsitzender Harth. Aber engagierte Gruitener darf man nicht unterschätzen.
Heute sind Böden und Leitungen verlegt, Treppen eingesetzt und das Kaminzimmer frisch gestrichen. Das gedeckte Gelb der Wände, die dunklen Balken werden sanft erleuchtet, wenn im Kamin das Feuer entfacht wird. Das alte Wohnhaus ist wieder belebt: Gruitener und Gäste ducken sich unter niedrigen Türen, um Ausstellungen zu besuchen, zu feiern oder an einem Kurs teilzunehmen.

Die Geschichte des Hauses Am Quall reicht wahrscheinlich bis ins 16. Jahrhundert zurück.

Informationen

Haus am Quall
Am Quall 12
42781 Haan
Tel. 02104 / 81 08 71

Öffnungszeiten:
jeden 1. und 3. Samstag im Monat, 11-12 Uhr
Weitere Termine nach tel. Vereinbarung

Die NRW-Stiftung unterstützte den Verein bei der Restaurierung des Fachwerkhauses.

Die Urdenbacher Kämpe.

7 URDENBACHER KÄMPE

Es ist eine Landschaft wie aus einer anderen Zeit: die Urdenbacher Kämpe zwischen Düsseldorf und Monheim. Wenn der Rhein Hochwasser führt, steigt hier das Wasser in seinen Altarmen über die Ufer, überflutet die Wiesen und umspült die Bäume – so funktioniert die natürliche Dynamik einer intakten Flussaue. Schon immer prägt der Rhein diese urtümliche Stromlandschaft, die eine der letzten nicht eingedeichten Flussauen am oberen Niederrhein ist. Die weitläufige Auenlandschaft ist geprägt von Auenwäldern, artenreichen Mähwiesen, Röhrichten, Hecken und Kopfweiden.

Die in NRW gefährdete Lebensgemeinschaft der Glatthaferwiesen ist hier noch in ihrer ganzen Artenvielfalt erhalten: von trockenen Ausbildungen mit Wiesen-Salbei und Knolligem Hahnenfuß auf höher gelegenen Auenpartien bis hin zu wechselfeuchten Varianten mit Beinwell und Rohrglanzgras, die öfter und länger vom Hochwasser überflutet werden. Eine Besonderheit ist die seltene Wiesenknopf-Silgenweise, die noch häufiger unter Wasser gerät und hier eine ihrer letzten großflächigen Vorkommen hat. In den naturnahen „Hartholz-Auenwäldern“ sind Stiel-

Wertvoll in vielerlei Hinsicht: die Urdenbacher Kämpe. Allein 70 Brutvogelarten finden hier eine Heimat.

Eiche und Esche die dominierenden Baumarten, denen die Überschwemmungen nichts ausmachen. In der Nähe der Flussufer, wo das Wasser häufiger und höher steht, bilden Weiden und Pappeln die „Weichholz-Aue". Diese Stromlandschaft bietet zahlreichen äußerst seltenen Vogelarten wie Pirol und Nachtigall ein Refugium, manchmal sind auch Schwarzmilan und Rohrammer hier zu sehen.

Gut 150 Hektar Land wurden auf Anregung der Interessengemeinschaft Urdenbacher Kämpe / Haus Bürgel e. V. in dem rund 400 Hektar großen Schutzgebiet erworben, damit es dauerhaft gesichert ist. Die Biologische Station Düsseldorf/ Mettmann betreut dieses Gebiet und hat darin auch Wanderwege markiert, auf denen man diese reizvolle Landschaft erleben kann, ohne die Natur in den sensiblen Bereichen zu stören. Regelmäßig bieten die Mitarbeiter der Biologischen Station für interessierte Gäste Exkursionen in das Narturschutzgebiet und Vorträge über die Besonderheiten dieser Landschaft an.

■ Zum Zwecke des Naturschutzes erwarb die NRW-Stiftung große Flächen der Auenlandschaft.

8 BIOLOGISCHE STATION HAUS BÜRGEL

Zwischen Düsseldorf und Mettmann liegt im Zentrum der Urdenbacher Kämpe das Haus Bürgel. Das ehemalige Römerkastell ist ein Bau- und Bodendenkmal mit einer über 2.000-jährigen Geschichte. Hier siedelten bereits im 1. Jahrhundert nach Christus römische Soldaten, für die der Rhein die Grenze zu den germanischen Stämmen bildete. Heute sind noch die Fundamente des Kastells sichtbar, das früher zwölf Türme hatte. Auf der Ruine des Kastells wurde im Mittelalter eine Burg errichtet, die später als Gutshof genutzt wurde. Heute sind in der Hofanlage die Biologische Station Stadt Düsseldorf / Kreis Mettmann, ein Römermuseum und eine Kaltblut-Pferdezucht untergebracht. Von hier aus betreuen die haupt- und ehrenamtlichen Mitarbeiter der Biologischen Station mehrere Schutzgebiete in der Region, zu denen eben auch die Urdenbacher Kämpe gehört. Sie erfassen die zum Teil gefährdeten Tier- und Pflanzenarten, sorgen für die Pflege von Hecken und Obstbäumen, Mooren und brachgefallenen Wiesen und beraten Naturschutzbehörden und Landwirte.

Regelmäßig bietet die Biologische Station geführte Wanderungen und Vorträge an, bei denen die Mitarbeiter für Naturverständnis werben. Zu den zahlreichen Veranstaltungen gehören etwa Vogelstimmenexkursionen, die „Europäische Nacht der Fledermäuse“ oder Kurse zu „Wild- und Gartenkräutern rund um Haus Bürgel“. Die Hofanlage von Haus Bürgel ist durch den Sachverstand der Naturschützer als Refugium für viele seltene Tierarten erhalten geblieben. So nisten Schleiereulen und Rauchschwalben im Eckturm und in den Pferdeställen.

Beliebt sind Veranstaltungen rund um die Obsternte im Herbst: Kinder und Erwachsene lernen dabei den Lebensraum Obstwiese kennen. Zum Anwesen der Biologischen Station gehören auch Streuobstwiesen. Als die NRW-Stiftung vor einigen Jahren diese Streuobstwiesen

Informationen
Biologische Station
Haus Bürgel
Urdenbacher Weg
40789 Monheim am Rhein
Tel. 0211 / 99 61 212
www.biostation-D-Me.de

Kinder
- Erlebnis-Exkursionen
- GPS-Survival-Pfad
- Imkerei zum Anfassen
- Workshops

www.nrw-entdecken.de

Die NRW-Stiftung kaufte das „Haus Bürgel“ und stellte es der Biologischen Station zur Verfügung.

erwarb, war noch gar nicht bekannt, welche Apfel- und Birnensorten dort wachsen. Nach fachkundiger Untersuchung wurden rund 50 alte, regionale Obstsorten entdeckt, die beinah in Vergessenheit geraten wären. Dazu gehören die Birnensorte „Köstliche von Charneux" und der „Kaiser-Wilhelm-Apfel", der 1864 auf den Wiesen von Haus Bürgel entdeckt und auf den Namen von Wilhelm I. getauft wurde – von diesem ersten Bäumchen stammen alle heutigen Kaiser-Wilhelm-Apfelbäume ab. Auf Haus Bürgel kann man beim Biss in Äpfel und Birnen viele Geschmacksrichtungen entdecken. Die Biologische Station lädt jedes Jahr Familien und Kindergruppen zum Ernten und Saftpressen ein und sie bietet Kurse zur Sortenbestimmung und zum Obstbaumschnitt an. Alte Obstbäume wie die in der Urdenbacher Kämpe sind ökologisch besonders wertvoll, denn sie bieten seltenen Tierarten wie Steinkauz, Specht und Hohltaube, Fledermaus und zahlreichen Insektenarten einen Unterschlupf.

9 RÖMERMUSEUM HAUS BÜRGEL

Am Niederrhein im 4. Jahrhundert n. Chr.: Seit etwa 300 Jahren leben Römer und Germanen hier verhältnismäßig friedlich beieinander, der Strom trennt das Römische Reich vom Siedlungsgebiet der Germanen. Doch seit einiger Zeit ist es vorbei mit der Ruhe. Die Franken fordern ihr Land zurück und fallen immer häufiger ein. Im Kastell Bürgel suchen die Menschen Schutz hinter mehr als zwei Meter dicken Mauern – vergeblich.

Bis ins 5. Jahrhundert n. Chr. hält die Wehranlage den Angriffen stand, bis schließlich auch das massive Bollwerk nachgibt. Es bleibt gerade noch genug Zeit, die Münzschätze zu vergraben, bevor die Festungsanlage erobert und niedergebrannt wird. Funde von etwa 200 spätrömischen Bronzemünzen zeigen, dass es den Bewohnern auch nachher nicht gelang, ihr Vermögen zu bergen. Besucher des Archäologischen Museums Haus Bürgel erfahren, wie das tägliche Leben in der wuchtigen Anlage mit ihren zwölf Türmen aussah. In mühevoller Kleinarbeit haben Forscher alle Spuren dieser fernen Zeit freigelegt.

Die etwa 150 Soldaten und ihre Familien waren gut versorgt: Im Kastell gab es Wirtschaftsräume, Speicher, Lagerräume und Werkstätten. Sogar ein Bad mit Kalt- und Warmwasserbecken inklusive Fußbodenheizung wurde bei den Ausgrabungen entdeckt. Weitere Fundstücke wie Kämme, Schmuck und Fibeln – antike Vorläufer der „Sicherheitsnadeln“, die dazu verwendet wurden, Umhänge zusammenzuhalten – verraten viel über die einstigen Bewohner.

Ganz römeruntypisch trugen sie lange Hosen, Rundschilder und Lanzen, an deren Spitzen sich gefährliche Widerhaken befanden. Es waren nämlich meist germanische Söldner aus dem heutigen Westfalen, Niedersachsen oder Böhmen und entsprechend sah auch ihre Kampf-

Informationen

Archäologisches Museum Haus Bürgel, Urdenbacher Weg (Haus Bürgel)
40789 Monheim am Rhein
Tel. 02173 / 95 11 40
(werktags, G. Mittmann)
www.hausbuergel.de

Öffnungszeiten:
So 14.30-17 Uhr
(außer bei Hochwasser)
Führungen ab 8 Pers. nach telef. Vereinbarung; offene Führungen an jedem ersten Sonntag im Monat, 15 Uhr.

Kinder

www.nrw-entdecken.de

Die NRW-Stiftung hat die Einrichtung des Archäologischen Museums mit archäologischem Außenpfad unterstützt.

ausrüstung aus. Sie arbeiteten im Auftrag des römischen Kaisers Konstantin I. (306–337). Dieser hatte beschlossen, zur Grenzsicherung eine Reihe von Militärkastellen entlang des Flusses errichten zu lassen.

Das Kastell Haus Bürgel auf dem Stadtgebiet von Monheim am Rhein ist eines davon. Im Archäologischen Museum, das die Interessengemeinschaft „Urdenbacher Kämpe – Haus Bürgel e. V." im Auftrag der NRW-Stiftung betreut, zeigen in acht Räumen Grabungsfunde, Modelle und Schaukästen die Spuren und Zeugnisse der Geschichte dieses Ortes.

Zudem wurde rund um Haus Bürgel ein archäologischer Pfad angelegt, der an den ehemaligen Kastellmauern mit original römischer Bausubstanz entlangführt. Pflasterungen heben die Position mehrerer Türme und eines Tores hervor. Auch die Lage des römischen Friedhofs, von dem zahlreiche der Exponate im Museum stammen, ist im Gelände gekennzeichnet.

Ein historischer Nutzgarten, angelegt und gepflegt von der Biologischen Station Haus Bürgel, zeigt darüber hinaus zahlreiche Kräuter- und Gemüsepflanzen aus der Römerzeit und späteren Epochen.

Lange Hosen, Rundschilder und Lanzen – wer als Söldner unterwegs war, trug damals eine solche „Uniform".

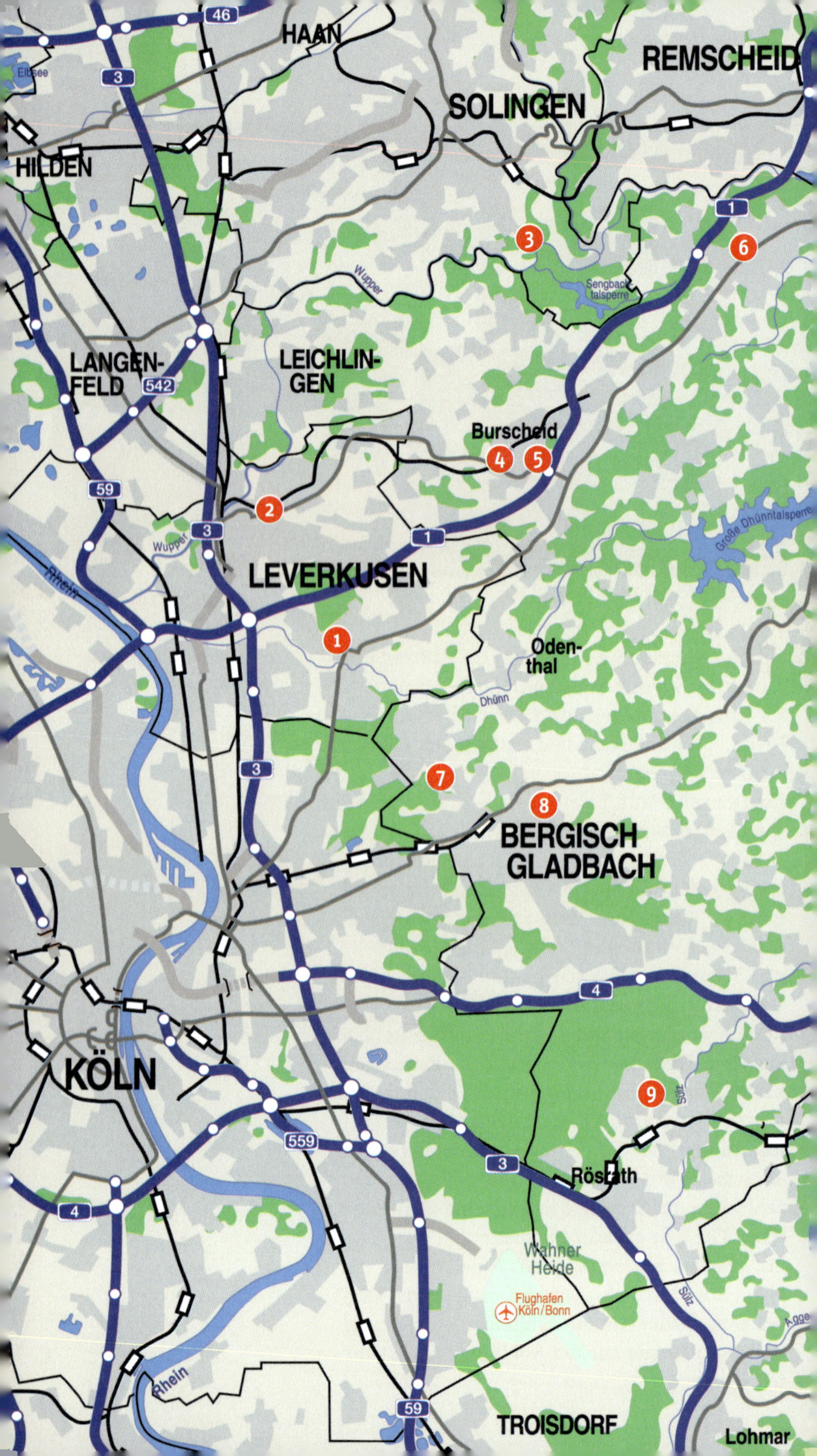

HAAN
REMSCHEID
SOLINGEN
HILDEN
Elbsee
Wupper
Sengbach-talsperre
LANGEN-FELD
LEICHLIN-GEN
Burscheid
Große Dhünntalsperre
LEVERKUSEN
Rhein
Oden-thal
Dhünn
BERGISCH GLADBACH
KÖLN
Rösrath
Sülz
Wahner Heide
Flughafen Köln/Bonn
Agger
TROISDORF
Lohmar
46
3
1
542
59
4
559
1
2
3
4
5
6
7
8
9

RHEINISCH-BERGISCHES LAND

IM LAND DES HERRN GRAFEN

In Odenthal-Altenberg erhebt sich jener kleine Berg, dem die gesamte Region letzten Endes ihren Namen verdankt. Denn „Bergisches Land" – das führt bei Gästen, die zum ersten Mal herkommen, immer wieder zu Verwirrung und Erstaunen. Geologen bezeichnen die Region als „Fastebene", als ein sehr altes Mittelgebirge, das durch Erosion nahezu eingeebnet ist. Warum also „Bergisch"?
Kurze Antwort: Das alte Adelsgeschlecht, die Grafen von Berg, gaben dem Land ihren Namen. Die längere Antwort: Um das Jahr 1060 wurde auf einer Anhöhe über dem Flüsschen Dhünn eine Burg errichtet. Bauherr war ein gewisser Adolf, der sich den Beinamen „de Berge" gab und in Urkunden später auch mit dem Grafentitel bezeichnet wurde. Zeitweise benutzte die Fa-

Bild oben:
Der Altenberger Dom.

milie auch den lateinisierten Namen „de monte", gemeint war aber stets dasselbe: das kleine Burghügelchen, das die Grafen aber bereits im Jahr 1133 wieder aufgaben. Sie zogen um an die Wupper, wo sie Burg Neuenberge errichteten, heute bekannt als „Schloss Burg" in Solingen.

An der Dhünn blieb das Örtchen Altenberge zurück, heute ein Ortsteil von Odenthal. Der alte Trutzbau gilt heute als „Bodendenkmal", das heißt: Viel blieb nicht übrig von dem Gemäuer. Denn als sie gingen, ließen die Herren von Berg ein Kloster an ihrem alten Stammsitz errichten, und die Ordensbrüder benutzten die alte Burg als Steinbruch. Bis heute geblieben ist letzten Endes der weithin bekannte Altenberger Dom.

Wer sich lieber Burgen und Schlösser anschaut, ist im Rheinisch-Bergischen Land trotzdem richtig: Die Region ist auffallend reich an alten Herrensitzen, die heute zum großen Teil als repräsentative Hotels genutzt werden. Es finden sich aber auch originellere Verwendungen für die historischen Gemäuer. In Bensberg etwa, 1975 nach Bergisch-Gladbach eingemeindet, errichtete der Architekt Gottfried Böhm in den 1960er-Jahren ein neues Rathaus für die Stadt – ganz in seinem und im Stile der Zeit aus Glas und Sichtbeton. Allerdings – und das ist das Spektakuläre – be-

Die Aggertalsperre liegt zwischen Gummersbach, Bergneustadt und Meinerzhagen.

zog er in seinen modernen Bau die Burgruine Bensberg ein, fand damit international Beachtung und verhalf der Region zu einer weltweit bekannten Sehenswürdigkeit, die im Volksmund „Affenfelsen" genannt wird.
Beispiel Nummer zwei: Schloss Eulenbroich in Rösrath. Die Barockanlage spielt eine außerordentlich wichtige Rolle im Leben des Städtchens, ist Schauplatz von Ausstellungen, Hochzeiten, Märkten, Konzerten und beherbergt außerdem eine Zauberschule.
Vor allem aber spielt die Region rund um Leverkusen eine wichtige Rolle als Naherholungsgebiet und bietet entsprechend große und reizvolle Naturgebiete. Das hochwertigste Biotop ist das Further Moor in Langenberg, das schon seit Jahrzehnten unter Naturschutz steht. Das Gebiet ist der Rest eines ehemals großen zusammenhängenden Moorgebietes. Heute ist es einer der letzten Lebensräume für seltene Pflanzen und Tiere. Torfmoos und Gagelstrauch bedecken die Moorschicht, das Gefleckte Knabenkraut und der fleischfressende Sonnentau blühen ungestört. Libellen, Frösche und Eidechsen bevölkern die Moorlandschaft. Zahlreiche Vogelarten, darunter auch seltene Gäste wie der Kleinspecht und die Waldschnepfe, brüten hier. Die Schutzbestimmungen sind zwar streng, gekennzeichnete Wanderwege ermöglichen es aber, diese Landschaft zu erleben, die früher auch andernorts so typisch war etwa für den Niederrhein.
Ein beliebtes Ausflugsziel ist auch die Große Dhünntalsperre, die größte Trinkwassertalsperre im Westen Deutschlands. Endgültig fertiggestellt wurde sie erst 1988, was unter anderem bedeutet: Bei der Anlage wurde schon großer Wert gelegt auf Natur- und Umweltschutz. So bietet das Ufergebiet des Stausees heute Brutplätze für rund 80 – davon 20 äußerst seltene – Vogelarten. Und bei Zugvögeln hat sich herumgesprochen, dass der neue See ein angenehmer Rastplatz ist. Die weitläufigen Wanderwege ermöglichen auch hier intensiven Naturgenuss, ohne die Tier- und Pflanzenwelt zu stören.

Im Further Moor kann das Gefleckte Knabenkraut ungestört blühen.

1 FREUDENTHALER SENSENHAMMER

Wer erstmals und zur richtigen Zeit die große Schmiedehalle der ehemaligen Sensenfabrik H.P. Kuhlmann in Leverkusen betritt, staunt nicht schlecht: Die mächtigen, alten Hämmer rattern und schlagen mit einem ohrenbetäubenden Lärm. Der beißende Geruch des Ölofens liegt in der Luft und der Boden unter den Füßen bebt, wenn geschickte Schmiede aus dem unförmigen rotglühenden Stahl schlanke, scharfe Sicheln und Sensen machen.

Doch große Stückzahlen werden hier nicht mehr produziert. Die ehemalige Sensenfabrik ist jetzt ein Industriemuseum und die mächtigen Hämmer lassen nur noch bei Schmiededemonstrationen die Fabrikhalle vibrieren. Die Werksanlagen der ehemaligen Fabrik liegen idyllisch in der malerischen Flussaue der Dhünn am Stadtrand von Leverkusen-Schlebusch. Doch idyllisch war das Leben der Sensenschmiede wohl kaum. Das wird beim Rundgang durch das neue Museum zwischen den originalen Maschinen und Arbeitsplätzen schnell deutlich. Hier gibt es Vieles zu entdecken, was von den Mühen des Broterwerbs früherer Zeiten zeugt.

Sensen aus Freudenthal, das stand mehr als 150 Jahre lang für Qualität. 1987 schloss die Sensenfabrik H. P. Kuhlmann Söhne jedoch ihre Tore. Die Fabrik bestand seit 1837 dort, wo schon seit 1779 ununterbrochen die Wasserkraft der Dhünn gewerblich genutzt wird. Sie war auf die Herstellung schwerer Schneidgeräte wie Sensen, Sicheln und Messer für Land- und Forstwirtschaft spezialisiert.

1987 fiel das denkmalgeschützte Ensemble in einen „Dornröschenschlaf". Der 1991 gegründete Förderverein Freudenthaler Sensenhammer e.V. stellte schließlich die Weichen für eine neue Nutzung der geschichtsträchtigen Gebäude.Von diesem ältesten Leverkusener Industriebetrieb blieben in den Gebäuden die alten, intakten Schmiedehämmer, Maschinen und die Wasserkraftanlage erhalten. Nach jahrelangem Einsatz

SEHENSWERT

Schloss Morsbroich

Schloss Morsbroich steht in Leverkusen-Alkenrath. 1220 erstmals erwähnt, war es von 1619 bis 1803 im Besitz des Deutschen Ritterordens. 1774 ließ Ignaz von Roll die Anlage durch ein barockes Schlösschen ersetzen. 1857 übernahm die Familie des Seidenfabrikanten Friedrich von Diergardt das Haus, in dem sich heute das Museum Morsbroich befindet. Die ständige Sammlung zeigt vor allem zeitgenössische Kunst in den Bereichen Nouveau Realisme, Op-Art, kinetische Kunst, Fotografie, Bildhauerei und präsentiert eine umfassende grafische Sammlung.

■ Informationen
www.museum-morsbroich.de

der Mitglieder des Fördervereins Freudenthaler Sensenhammer hat die Fabrik nun als Museum eine Zukunft: In der Dauerausstellung wird die Geschichte der Firma H.P. Kuhlmann Söhne, und an den originalen Schauplätzen werden die wichtigsten Schritte der Sensenherstellung in ihrem eigenartigen Zusammenwirken von handwerklicher Arbeit und fabrikmäßiger Fertigung erläutert.

Die Herstellung von Sicheln und Sensen ist sehr aufwändig: Rund 30 Arbeitsschritte sind erforderlich, um aus den angelieferten Stahlstangen hochwertige Sensen zu produzieren. Dafür arbeiteten viele Spezialisten in der Fabrik zusammen. Im Laufe des Rundgangs begegnet man ihnen an den verschiedenen Arbeitsplätzen immer wieder.

Da trifft man auf den ehemaligen Fabrikbesitzer ebenso wie auf hochqualifizierte Schmiede oder auf Maria aus Benevento, die jahrzehntelang in der Schleiferei arbeitete. Informationen, Gegen-

Die mächtigen, alten Hämmer rattern und schlagen mit einem ohrenbetäubenden Lärm.

■ Der Förderverein Freudenthaler Sensenhammer sanierte mit Unterstützung der NRW-Stiftung die Gebäude und richtete das Industriemuseum ein.

stände und Fotos verdichten sich zu einem lebendigen Bild der Fabrik mit ihren Hierarchien, den Gefahren und Herausforderungen für die Mitarbeiterinnen und Mitarbeiter. Anhand der eigenen Wasserkraftanlage werden die Möglichkeiten und Grenzen der Stromerzeugung durch Wasserkraft erläutert. Einblicke in die Kulturgeschichte gewährt etwa die „Sammlung Müller" mit zahlreichen Abbildungen von Sense und Sichel in Kunstwerken oder Werbegrafik.

1779 wurde an der Stelle des heutigen Museums ein Stahlhammer errichtet. Im ersten halben Jahrhundert seiner Geschichte wechselte der Betrieb mehrfach den Besitzer. Erst als 1837 die Familie Kuhlmann die gesamte Anlage übernahm, trat durch ihr unternehmerisches Geschick 150 Jahre lang Kontinuität ein. Für die erfolgreiche Entwicklung stehen etwa die Produktionszahlen aus dem Jahr 1914. Bei Ausbruch des Ersten Weltkriegs waren hier 76 Personen beschäftigt, die eine Jahresproduktion von rund 200.000 Stück Schneidgeräten fertigten, die bis nach Russland geliefert wurden.

Für Kinder ist ein Besuch des Freudenthaler Sensenhammers besonders aufregend.

Mit der Technisierung der Landwirtschaft und der Konkurrenz von Waren aus Billiglohnländern ging jedoch die Nachfrage nach den Freudenthaler Produkten nach dem Zweiten Weltkrieg immer stärker zurück. Museumsleiter Wilhelm Matthies erklärt die Hintergründe: „Ein-Mann-Mähdrescher waren am Ende des 20. Jahrhunderts in der Lage, in der Stunde mehr als 40 Tonnen Getreide zu ernten. Um 1950 wurden für diese Leistung noch etwa 150 Arbeitskräfte mit ihren Sensen benötigt.“ Das Werk wurde 1987 geschlossen und noch im selben Jahr unter Denkmalschutz gestellt.

Dennoch wird auch heute in der Werkshalle zeitweise wieder eifrig geschmiedet. Erfahrene Schmiede, die lange Jahre im Sensenhammer gearbeitet haben, vermitteln in einer „Schmiedegruppe“ ihre Kenntnisse und Fertigkeiten an ehrenamtliche Interessenten aus dem Förderverein weiter. So bleibt die Handwerkstradition lebendig und die Vorführungen der Schmiede und ihrer „Lehrlinge“ entlocken den Hämmern ihre Kraft und ermöglichen den Besuchern einen realistischen Einblick in frühere Arbeitswelten.

In der Studiogalerie des Museums, gleich neben dem Eingangsbereich, erhalten Ausstellungen moderner Kunst einen besonderen Rahmen. Die hohe Werkshalle empfiehlt sich auch als stimmungsvolles Ambiente für Feiern, Theater- oder Tanzveranstaltungen. Ein besonderes Erlebnis sind Konzerte in der Schmiedehalle. Lichteffekte und die gute Akustik vermitteln etwa bei den Leverkusener Jazztagen eine faszinierende Stimmung. „Wer hier den Pulsschlag der Vergangenheit an den Hämmern einmal gespürt hat, kommt gern wieder, neugierig auf Kunst, Konzerte und Industriekultur“, sagt Museumsleiter Matthies.

Informationen

Industriemuseum Freudenthaler Sensenhammer
Freudenthal 68
51375 Leverkusen-Schlebusch
Tel. 0214 / 500 72 68
www.sensenhammer.de

Öffnungszeiten:
Di-Fr 10-3 Uhr,
Sa/So 12-17 Uhr
sowie für Gruppen nach Vereinbarung.

Kinder

- Kindergeburtstage
- Schmieden für Kinder

www.nrw-entdecken.de

2 NATURGUT OPHOVEN

Sechs Hektar Natur mitten in der Stadt: Schon deswegen hebt sich das „NaturGut Ophoven" in Leverkusen-Opladen von anderen Umweltzentren ab. Doch damit nicht genug: Das „Zentrum für innovative Umweltbildung" verbindet denkmalgeschützte Kultur mit schützenswerter Natur. Auf dem Gelände rund um die Fundamente einer ehemaligen Wasserburg aus dem 13. Jahrhundert stehen Bienenhäuser, Kopfweiden und Hecken.

Verschiedene Uferzonen an Teichen und am nahe gelegenen Wiembach ergänzen die Erlebnislandschaft, in der Kinder und Erwachsene Flora und Fauna hautnah erleben und im Wortsinne begreifen können. Gleich nebenan gibt es einen Naturerlebnispfad, auf dem anstelle langatmiger Beschreibungen lediglich einige Symbole die Aufmerksamkeit der Besucher wecken. Hier darf jeder mit allen Sinnen Natur genießen, verstehen und schützen lernen.

Möglich wird das umfassende Angebot durch gemeinsames Engagement der Stadt Leverkusen und des Fördervereins von Gut Ophoven, der sich hier um Naturschutz und Umweltbildung gleichermaßen kümmert. So bietet das Umweltzentrum inzwischen ein umfassendes Programm, von dem Schulen und andere Teilnehmer der jährlich mehr als 150 Kurse im offenen Bildungsangebot profitieren.

SEHENSWERT

Waldlehrpfad Opladen

Ein Waldlehrpfad der modernen Art ist seit einigen Jahren rund um das NaturGut Ophoven angelegt. Hier kann man mit allen Sinnen den Wald erleben und neu kennenlernen. Der Lehrpfad entstand als Pilotprojekt mithilfe der NRW-Stiftung und ist in den Sommermonaten geöffnet. Über insgesamt elf Stationen mit Namen wie „Spechtbuch", „Tarnung", „Vogelstimme" oder „Duftorgel" werden alle Sinne gefördert – und gefordert.

■ Die NRW-Stiftung half bei der Anlage des 2,5 Kilometer langen Naturerlebnispfades und beim Aus- und Umbau der denkmalgeschützten Scheune.

Einer der Höhepunkte ist die moderne Umwelt-Erlebnisausstellung EnergieStadt. Hier werden die Themen „Energiesparen“ und „Stadt für Kinder und Familien“ präsentiert. Die ganzjährig geöffnete Dauerausstellung ist ein Ausflugsziel für mehrere Stunden, in denen gespielt, entdeckt, gelernt und gefühlt werden kann – manche sprechen von einem ökologischen Phantasialand. Wer mit 2000 Powerpoints in der „Energie-Station“ aktiv werden will, oder in dem großen „StadtSpaß“ mit Ameisen kuscheln, Straßenbäumen telefonieren oder wie ein Vogel fliegen möchte, ist hier goldrichtig. Die große Scheune des alten Gutshofes wurde dafür vollständig restauriert und ist zum Modell für nachhaltige Energiewirtschaft geworden. Nach baubiologischen und denkmalpflegerischen Gesichtspunkten ausgebaut, zeigt die Scheune nun, wie recycelte Materialien eingesetzt, energiesparende Heizsysteme installiert und warmes Wasser durch Sonnenenergie gewonnen werden können.

Informationen

NaturGut Ophoven
Talstr. 4
51379 Leverkusen-Opladen
Tel. 02171 / 73 49 90
Tel. 02171 / 73 49 91 8
www.naturgut-ophoven.de

Öffnungszeiten:
Di-Fr 9–17 Uhr,
Sa/So/Fei 10–18 Uhr

Kinder

www.nrw-entdecken.de

3 WUPPERHÄNGE BEI WITZHELDEN

Niemand muss Angst haben, bei Witzhelden über die Wupper zu gehen. Der Abstecher auf eine der Brücken bei Glüder oder Wupperhof ist sogar ein besonders empfehlenswerter Einstieg, um sich von der landschaftlichen Schönheit dieses Talabschnitts zu überzeugen. Der Fluss, seine Ufer und die bewaldeten Hänge bilden ein landschaftliches Gesamtkunstwerk. Und wer Zeit hat, folgt dem Fußweg, der dann am Oberhang entlangläuft. Der Pfad quert zwei Bachtälchen und gewährt Ausblicke ins malerische Tal der Wupper und auf die am Hang verstreuten Felsen.

In Kurven, auf und ab, führt der Pfad durch einen Mischwald aus Rotbuchen, Trauben-Eichen und Birken. Am Talgrund bilden Eschen und Schwarzerlen das mehrschichtige Laubdach. Unter Stechpalmenbüschen schimmert das frische Grün der Hainsimsen, Moospolster wechseln mit den Teppichen des Sauerklees und den fettig-glänzenden Blattbüscheln der Drahtschmiele. „In einigen Felsnischen gibt es auch den Prächtigen Dünnfarn“, berichtet Jan Boomers, Leiter der Biologischen Station Mittlere Wupper. „Das ‚Prächtige‘ im Namen ist allerdings ein bisschen irreführend“, erläutert er, „in Deutschland bildet die Art keine richtigen Sprosse, sondern nur sogenannte Prothallien, die wie ein grüner Filz aussehen.“ Eigentlich liegen die Flächen südlich der Wupper jenseits von Boomers Revier, aber der Ökologe betrachtet die Wupperaue als Einheit: „Wir halten das wie die Vögel, die kehren ja auch nicht an der Kreisgrenze um.“

Der Wald beherbergt übrigens noch ein anderes Geschöpf, das mehr verspricht, als sein Aussehen hält. Es ist der „Kaiserliche Pochkäfer“ (Hedobia imperialis). Seinen hoch gestapelten Namen erhielt der vier Millimeter kleine Krabbler nur deshalb, weil das Muster auf seinen Deckflügeln den Erstbeschreiber Carl von Linné an einen Adler mit halb geöffneten Schwingen er-

innerte, und der war nun mal ein Symbol des Kaisers. Die Verwandtschaft des Käfers hat dagegen ein zweifelhaftes Image. Die Larven sind typische „Holzwürmer“ und nagen, kaum dass sie aus dem Ei geschlüpft sind, lange, gewundene Gänge ins Holz.

Für Balken und Möbel interessiert sich Hedobia imperialis allerdings nicht. Er macht sich nur an feuchtem Totholz im Wald zu schaffen. Deshalb stellen Ökologen einem Wald, in dem der Pochkäfer und viele weitere „xylobionte“ (von Totholz lebende) Arten vorkommen, ein gutes Zeugnis aus, denn ihr Vorhandensein ist ein Indiz für eine hohe Vielfalt und große Naturnähe.

Wie in Heinz Erhardts Gedicht von der Made finden vermutlich die meisten Käferlarven ein vorzeitiges Ende im Magen eines Spechts. In der Wupperaue, an den steilen Talflanken und in den kaum zugänglichen Bachtälern, brüten nämlich nicht weniger als 55 verschiedene Vogelarten, von denen mindestens sechs ihre Nah-

Gut versteckt am Prallhang hat der Eisvogel (Bild links) seinen Brutplatz. Im sauberen Wasser der Wupper findet er reichlich Nahrung.

rung gezielt an den Stämmen und Ästen alter oder abgestorbener Bäume suchen. Die bunte Schar der Gefiederten und die Vielfalt der Insekten sind damit Ausdruck des gleichen Phänomens: Die Hänge nördlich der Ortschaft Witzhelden weisen eine abwechslungsreiche Mischung verschiedener Waldtypen auf – und es gibt dort kaum Störungen. Ursache ist die Steilheit des Geländes, wegen der große Teile des Waldes in den vergangenen Jahrzehnten gar nicht oder nur unregelmäßig bewirtschaftet wurden. In den 1990er-Jahren drohte dem Dornröschenwald allerdings ein jähes Erwachen. Gerade in einer Phase, als Naturschützer aus der Region den hohen ökologischen Wert des Talabschnitts erkannten, sollten die vielen kleinen Privatwaldparzellen in einem Flurbereinigungsverfahren neu geordnet und durch Forstwege erschlossen werden.

Der Bau neuer Forstpisten und der häufigere Holzeinschlag hätten jedoch ein denkbar schlechtes Szenario für Waldbaumläufer, Kleiber und Schwarzspecht bedeutet. Auch Wanderer und Naturfreunde hätten dann von einem reizvollen Fußpfad auf eine geschotterte Waldstraße wechseln müssen – keine schöne Vorstellung für die Zukunft des Idylls an der Wupper. Um die Zerschneidung der vielen Quellbäche und der naturnahen Hangwälder abzuwenden, hat die NRW-Stiftung rund 40 Hektar des Waldes erworben. Zusammen mit den benachbarten, bereits im Landeseigentum befindlichen Waldflächen entstand ein über 200 Hektar großes Waldnaturschutzgebiet – eine überaus positive Ausnahme in diesem Naturraum. Da der Prallhang der Wupper völlig unzugänglich ist, siedelte sich hier auch der Eisvogel an, und mittlerweile hat sogar ein Uhu die felsigen Waldpartien in sein Revier einbezogen.

Informationen

Auf der linken Hangseite verläuft ein schmaler Wandersteig, der reizvolle Ausblicke in das tiefeingeschnittene Tal der Wupper bietet. Als Ausgangspunkt empfiehlt sich der kleine Ortsteil Glüder in Solingen. Hier kreuzt die Kreisstraße K4 zwischen Solingen und Witzhelden die Wupper.

Die NRW-Stiftung erwarb größere Waldflächen, die jetzt ausschließlich für die Ziele des Naturschutzes zur Verfügung stehen.

4 LAMBERTSMÜHLE

Im Dezember 1956 geht der Müller und Bäckermeister Ernst Maibüchen zum Stauteich seiner Mühle hinauf, um den Zulauf zum Mühlgraben abzusperren. Soeben ist die Achse des altersschwachen Mühlrades gebrochen. Eine Reparatur lohnt nicht, zumal ihm nur noch wenige Bauern ihr Korn bringen. Der Weg wird ihm schwer. Maibüchen hat keinen Nachfolger und er ahnt, dass mit ihm die mehr als 400-jährige Tradition der Lambertsmühle zu Ende gehen wird. Aber es kommt anders. Denn heute, nach einem halben Jahrhundert Pause, dreht sich das Mühlrad wieder. Dank der Tatkraft eines Fördervereins können sich Schulklassen und Besuchergruppen in der Lambertsmühle über die Mühlentechnik und das alte bergische Handwerk informieren. Den Grundstein für die Renaissance der Wassermühle hatte die Witwe Maibüchen noch selbst gelegt. In ihrem Testament verfügte sie, dass die Gebäude an die Stadt Burscheid fallen sollten,

mit der Auflage, dort ein Heimatmuseum einzurichten.
Doch als die Mühle 1993 verwaiste, erwies sich das denkmalgeschützte Erbstück eher als Zwickmühle. Zwar wollte niemand den letzten Willen der Müller missachten, aber die leere Stadtkasse ließ eine Restaurierung der Gebäude und die Einrichtung eines Museums zunächst nicht zu. Für die Menschen aus der Umgebung war die Lambertsmühle ein unveräußerliches Stück Heimat. Wer an Feiertagen zum Altenburger Dom spazierte, der nahm statt der Höhenstraße gerne den Weg durchs Wiehbachtal und kam so an dem idyllisch gelegenen Fachwerkbau vorbei. Um dem Verfall des Juwels zuvorzukommen und der Stadt aus der Klemme zu helfen, gründeten engagierte Burscheider Bürger deshalb 1995 einen Förderverein für die Lambertsmühle.

Was seither mithilfe diverser Geldgeber, ortsansässiger Handwerker und in mehr als 16.000 Stunden ehrenamtlicher Arbeit geleistet wurde, lässt sich kaum aufzählen, geschweige denn im Detail schildern. Und auch wer die Mühle und ihre Nebengebäude besichtigt, bekommt davon nur eine vage Ahnung. Von der schweren eisenbeschlagenen Klöntür über die Holz- und Steinfußböden bis zu den „Kölner Decken" sieht alles aus, als sei die Zeit stehengeblieben. In Wahrheit haben die neuen Hausherren aufwendig restauriert und alles, was nicht grundsolide war, originalgetreu ersetzt. Wo immer möglich, kamen dabei intakte Balken und Steine aus Abrissgebäuden zu neuen Ehren.
Das Herzstück des oberschlächtigen Mühlrades, eine schwere hölzerne Achse, stellten die handwerklich geübten Hobby-Müller sogar selbst her – vom Fällen der Eiche bis zum Einsetzen der Lager. Schon früher waren die Mühlenbesitzer wahre Alleskönner, sodass sie Reparaturen am Mahlwerk und Gebäude meist selbst durchführen konnten. Damit das Heimatmuseum seinem Anspruch gerecht würde, trug der Förderverein deshalb eine Holz- und Drechslerwerkstatt

■ Die NRW-Stiftung half bei der Restaurierung des Mahlwerkes und des Wasserrades, der Instandsetzung des Mühlenteichs und der Mühlengräben.

zusammen und richtete in der ehemaligen Scheune zusätzlich eine Sattlerei und Schuhmacherwerkstatt ein. Das i-Tüpfelchen aber ist die Schmiede. So freut sich der Vereinsvorsitzende Armin Busch heute regelmäßig über die begeisterten Gesichter der Schulkinder: Wenn der Blasebalg bedient werden muss, dann stehen die Schüler hier Schlange. In einer Kammer des Mühlengebäudes wurde schließlich noch ein alter Webstuhl aufgestellt, restauriert und wieder in Betrieb genommen. Und auch ein nach historischem Vorbild gebauter Backofen hat seine Bewährungsprobe schon hinter sich.
Im ehemaligen Stall befindet sich ein rustikaler Versammlungsraum, der für Ausstellungen, Feiern, immer häufiger auch für Hochzeiten genutzt wird. Und die Vereinsmitglieder haben sich daran gemacht, den Stauteich und den Obergraben für die Mühle nutzen zu können. „Denn ohne den Teich und die Wasserrechte wären wir ja keine richtige Mühle, sondern nur ein Modell im Maßstab 1:1."

Informationen

Die Lambertsmühle liegt südwestlich von Burscheid im Wiembachtal. Über die A1, Abfahrt Burscheid, ist sie leicht zu finden, wenn man in Burscheid der Beschilderung folgt.
Die Mühle ist nicht ständig geöffnet. Werden von den Vereinsmitgliedern vor Ort Arbeiten durchgeführt, besteht für vorbeikommende Wanderer meist die Möglichkeit zur Besichtigung. Führungen gibt es nach Terminabsprache mit dem 1. Vorsitzenden Armin Busch, Tel. 02174 / 81 47.
www.lambertsmühle.de

5 BADEHAUS BURSCHEID

Ein Haus gegen ein Zimmer zu tauschen ist normalerweise keine Verbesserung – außer beim Baden. Denn wer über ein privates Badezimmer verfügt, ist nicht mehr auf öffentliche Badehäuser angewiesen. Zum Standard im Wohnungsbau wurden Badezimmer allerdings erst nach dem Zweiten Weltkrieg. Bis dahin versuchten viele Gemeinden, durch kommunale Badehäuser für mehr Hygiene zu sorgen. Ein schönes Beispiel für die Badehausarchitektur des frühen 20. Jahrhunderts hat sich in Burscheid erhalten. Wo man früher in Wannen und Becken planschte, schlägt inzwischen aber die Kultur fröhliche Wellen.
Nicht jede Badeanstalt ist auch ein Schwimmbad. Von den vielen Badehäusern, die es um 1900 im Rheinland gab, hatten jedenfalls keineswegs alle ein Schwimmbecken – wohl aber Brausen oder Wannen, denn es ging in erster Linie noch ums Waschen und nicht um Spiel und Sport. Umso bemerkenswerter ist es daher, dass das im neoklassizistischen Stil errichtete, 1914 eröffnete Burscheider Badehaus sogar zwei Schwimmbecken besaß – und das zudem noch in einer Außenanlage unter freiem Himmel. 1950 war das Badehaus noch um einen Umkleidetrakt erweitert worden. Anhand zahlreicher Elemente lässt sich an dem denkmalgeschützten Bauwerk die Entwicklung vom öffentlichen Wannen- und Brausebad der Jahrhundertwende bis zur Freiluftbadeanstalt ablesen.

Ausstellungen bringen Kunst in das Badehaus.

Mithilfe der NRW-Stiftung konnte das Burscheider Badehaus denkmalgerecht saniert und als Kulturzentrum hergerichtet werden.

Die Zusatzfunktion als Freibad hat zur Erfolgsgeschichte des Burscheider Badehauses sicherlich viel beigetragen. Erst 1985 wurde es geschlossen. So mancher Burscheider erinnert sich aber noch viel weiter zurück: „Ich habe als Junge noch in den Badezellen geduscht, weil zu Hause keine

Ein schönes Beispiel für die Badehausarchitektur des frühen 20. Jahrhunderts hat sich in Burscheid erhalten.

'vernünftigen' sanitären Einrichtungen existierten. Für 50 Pfennig konnte man 30 Minuten lang warm duschen… eine Wohltat!" So schildert es ein ehemaliger Badehausbesucher.
Nach dem Ende des Badebetriebs nutzte man das Gebäude zunächst als Möbellager, dann als Übergangsheim für Asylbewerber. Schließlich stand es leer. Zum Glück aber schuf der Kulturverein Burscheid 2006 mit einem neuen Nutzungskonzept die Voraussetzungen, um das architektonische Schmuckstück vor dem Verfall zu retten. Bei der grundlegenden Sanierung des Gebäudes wurde Wert darauf gelegt, den Charakter des alten Freibades wieder herzustellen. Dazu gehörte neben der teilweisen Freilegung des alten Außenbeckens auch die Rekonstruktion der Bodenfläche des ehemaligen Umkleidetraktes.
Heute dient das Burscheider Badehaus als Kulturzentrum, in dem Veranstaltungen vom Konzert bis zum Kabarettabend stattfinden. Zugleich ist das Haus aber auch ein Anlaufpunkt für Künstler und Kreative geworden, die hier in einer Atmosphäre wirken können, die eines ganz gewiss nicht ist: trocken.

Informationen

Burscheider Badehaus
Bürgermeister-Schmidt-Str. 7c
51399 Burscheid
www.burscheider-badehaus.de
Kontakt:
Kulturverein Burscheid
Höhestraße 7-9
51399 Burscheid
Tel. 02174 / 67 01 09
www.kultur-in-burscheid.de

Das Eifgenbachtal blieb in seiner Geschichte nahezu frei von menschlichen Siedlungen.

6 EIFGENBACHTAL

15 Kilometer östlich von Leverkusen, also nur einen Katzensprung von der dicht besiedelten Rheinschiene entfernt, liegt das Eifgenbachtal. Abgesehen von wenigen Wassermühlen, die sich auf fast 20 Kilometer Fließstrecke verteilten, blieb die Talaue nahezu frei von menschlichen Siedlungen – die Ruinen einer mittelalterlichen Fliehburg nicht mitgerechnet. Vielleicht verläuft deshalb auch ein Stück des rechtsrheinischen Jakobsweges durch das Eifgenbachtal. Die Pilger, die sich von Wuppertal, Remscheid und Wermelskirchen aus in Richtung Santiago de Compostela aufmachten, hätten ja auch entlang der Höhenrücken wandern können. Auf dem Weg zu ihrem nächsten Etappenziel, dem Zisterzienserkloster Altenberg, wählten sie lieber den ruhigen Talweg. Der von Erlen gesäumte Bach windet sich durch die binsenreichen Feuchtwiesen. Schmetterlinge und Libellen schaukeln über den Hochstaudenfluren und das Gezwitscher von Buchfink, Mönchsgrasmücke und Zaunkönig erfüllt die Luft. Wer das Bachufer aufmerksam beobachtet, wird Wasseramsel und Gebirgsstelze entdecken, vielleicht sogar den Eisvogel, der hier regelmäßig brütet. Auwälder, die sonst meist bis auf eine schmale Baum-

galerie zurückgedrängt wurden, sind in einigen Abschnitten noch flächig erhalten, selbst am Unterlauf, kurz vor der Mündung in die Dhünn.
Im Quellgebiet des Eifgenbachtals wurden auf Anregung des Bergischen Naturschutzvereins einige besonders schutzwürdige Flächen gekauft. Das Kleinod, genauer gesagt, seine Ursprünge waren bedroht: Im Quellgebiet des Eifgenbaches bei Wermelskirchen mehrten sich illegale Ablagerungen, Fischteichanlagen und Fichtenaufforstungen. Die empfindlichen Ursprungsmulden wollte man aber nicht „den Bach runter gehen lassen". Als Lebensraum von Ringelnatter, Feuersalamander und Gestreifter Quelljungfer, einer gefährdeten Libelle, brauchten sie gezielte Regeneration. Standortfremde Gehölze mussten entfernt, Stauhaltungen an den Oberläufen beseitigt und Schutt und Hausmüll abgefahren werden.
Auch andere Institutionen setzten sich für Verbesserungen ein. So ließ der Wupperverband mit Unterstützung durch Land, Kommunen, Naturschutzverbände und lokale Schulen einen alten Staudamm und mehrere Fischzuchtteiche rückbauen. Beide Anlagen hatten die Durchgängigkeit des Eifgenbaches massiv behindert. Seither können Wanderfische wie Lachs und Meerforelle wieder vom Rhein über Wupper und Dhünn bis in den Eifgenbach aufsteigen. Wegen der reichen ökologischen Ausstattung wurden vor einigen Jahren große Teile des Tales als Naturschutzgebiet ausgewiesen.
Wer den Zauber des Eifgenbaches ganz in Ruhe genießen möchte, sollte werktags hierher kommen. Dann geht es besonders beschaulich zu. Die Wanderwege, die mal dicht am plätschernden Wasser, mal eher am Rand der Talaue verlaufen, bescheren Blicke und Stimmungen, die den Alltag völlig vergessen lassen. Am Wochenende teilt man sich die Idylle mit manchem Wanderer, Jogger und Mountainbiker aus dem Kölner Einzugsgebiet. Unter den Geheimtipps der Region ist das Eifgenbachtal eben ein „offenes Geheimnis".

Wasseramsel im Eifgenbachtal.

Informationen
Wanderer starten zu einer Tour entlang des Eifgenbachtals am besten von einem der ausgewiesenen Parkplätze in der Nähe des Altenberger Doms bei Wermelskirchen oder am Parkplatz nahe der Gaststätte „Kaffeepott". Eine Wanderung lässt sich gut mit einer Tour entlang des ebenfalls reizvollen Flüsschens Dhünn verbinden.

Die NRW-Stiftung kaufte schutzwürdige Grundstücke im Quellgebiet des Eifgenbachs.

7 BERGISCHES SCHULMUSEUM

„Arme hoch – Kniebeugen – Arme runter – hinsetzen!“

Carl Cüppers

Im steifen schwarzen Frack steht Lehrer Carl Cüppers hinter dem Pult. Tadelnd hebt er den Zeigefinger, die andere Hand hat den Rohrstock fest im Griff. Zuspätkommen und ständiges Schwätzen duldet er nicht, gleich erwartet die Schüler ein Donnerwetter. Doch die Standpauke ist nur Spaß, der Schauplatz das Schulmuseum in Bergisch Gladbach.

Ohne den strengen wie sympathischen Schulmeister Carl Cüppers, der 2008 im Alter von 88 Jahren verstorben ist, hätte es das Museum nicht gegeben. In seiner Zeit als Kreisschulrat in den 1960er-Jahren sammelte er alles, was bei der Auflösung der einklassigen Volksschulen weggeworfen werden sollte. Cüppers konnte es nicht ertragen, dass ein knappes Jahrhundert Schulgeschichte auf der Müllhalde zu landen drohte: „Da ist auf einmal was passiert mit mir. Ich fühlte mich plötzlich verantwortlich dafür, alles zu bewahren.“ Und darin war er konsequent. Mit seinem VW-Käfer nahm Cüppers aus den aufgelösten Schulen mit, was er tragen konnte. Zur Not schnallte er eben alles auf seinen Dachgepäckträger. Zum Glück war in Bergisch Gladbach eine alte Grundschule frei, und so ist das Schulmuseum entstanden.

Sämtliche Facetten der Schulgeschichte werden hier lebendig: Plüschsofa, Harmonium und Bücherschrank beschwören die Atmosphäre eines typischen Lehrerwohnzimmers aus Wilhelminischer Zeit herauf. Eine Sonderabteilung im Erdgeschoss widmet sich der Mädchenerziehung in der Schule. Im Obergeschoss lässt sich anhand alter Lehr-, Lern- und Arbeitsmittel verfolgen, wie sich das Bild der Welt im Laufe von 100 Jahren verändert hat. Besonders interessant sind Sammlungsstücke, die die Gesellschaft widerspiegeln: Wandbilder zeigen von der eiszeitlichen Landschaft über die Darstellung „deutscher Rassen“ bis hin zum Weg des Postpakets alles, was einmal als lernenswert galt. Und so manches Unterrichtsmittel wurde damals noch

■ Informationen
Schulmuseum Bergisch Gladbach
Sammlung Carl Cüppers
Kempener Straße 187
51467 Bergisch Gladbach
Tel. 02202 / 842 47
www.das-schulmuseum.de

Öffnungszeiten:
Di-Fr 9.30-12 Uhr
und nach Vereinbarung.
In den Schulferien ist das Museum geschlossen.

■ Die NRW-Stiftung hat Teilbereiche der Einrichtung und den Ausbau des Schulmuseums unterstützt, um mehr Platz für die Ausstellungsbereiche zu schaffen.

vom Lehrer selbst gefertigt.
Der größte Erfolgsfaktor des Schulmuseums ist bis heute der historische Schulunterricht, der für Gruppen bei vorheriger Anmeldung organisiert werden kann. 17 ehrenamtliche Mitglieder des Museumsarbeitskreises übernehmen heute die Aufgaben des Schulmeister Cüppers. Und sie vergessen dabei auch nie, sich am Ende des Unterrichts mit einem großen Lob auf die Schüler zu verabschieden – so wie es schon Cüppers immer machte. „Historischer Unterricht", Führungen durch die Dauerausstellung, die Veranstaltung von Sonderausstellungen und die Betreuung des Museumsshops sind weitere Aufgaben, die das Kollektiv wahrnimmt.
Den Erfolg des kleinen Schulmuseums kann man an den begeisterten Gesichtern oder an der hohen Auslastung mit rund 10.000 Besuchern jährlich ablesen.

Carl Cüppers (1920-2008) war der Gründer des Schulmuseums.

8 KINDERGARTENMUSEUM

Kleine Kinder brauchen große Helfer, die sie unterstützen. Kleine Museen auch. Für beides steht Renate Röhrscheidt. Bereits seit der Eröffnung 1994 engagiert sie sich mit den Mitgliedern des Fördervereins Kindergartenmuseum e. V. für das Kindergartenmuseum Nordrhein-Westfalen, das sich am Rande der Fußgängerzone in Bergisch Gladbach befindet. Um das Bestehen dieses Museums auf lange Zeit zu sichern, hat die ehemalige Kindergärtnerin, Sozialpädagogin und Lehrerin Renate Röhrscheidt eine eigene Stiftung ins Leben gerufen. Damit unterstützt sie zusätzlich den ehrenamtlichen Einsatz des Museumsvereins, der seit Jahren schon das einzige Kindergartenmuseum in Nordrhein-Westfalen betreut. In insgesamt sieben Ausstellungsräumen können sich Besucher über die Kleinkindererziehung und die Geschichte der Kindergärten informieren. Und das keineswegs nur über Vorträge und Literatur. Zu den Museumsobjekten, die es hier zu sehen gibt, gehören komplette Kindergarteneinrichtungen mit alten Spielen und Spiel-

Informationen

Das Kindergartenmuseum
Nordrhein-Westfalen
Quirlsberg 1
51465 Bergisch Gladbach
Tel. 02202 / 24 36 40
www.kindergarten-museum.de

Öffnungszeiten:
Di 10–13 Uhr
und nach Vereinbarung

Kinder

- Märchenstunden
- Bastelaktionen

Herrlich alt und herrlich anzuschauen: ein Kaufmannsladen von Anno dazumal.

geräten, Kinderbücher und andere alte „Schätzchen“ aus dem umfangreichen Sammlung des Vereins. In den Museumsräumen werden auch Persönlichkeiten vorgestellt, die der Geschichte der Kindergärtenerziehung maßgebliche Impulse gegeben haben. Dazu gehören etwa Theodor Fliedner und Friedrich Fröbel als bedeutende Repräsentanten der Kindergartenpädagogik des 19. Jahrhunderts, Maria Montessori und Rudolf Steiner als herausragende Vertreter der Reformpädagogik des 20. Jahrhunderts und Schöpfer eigener Erziehungskonzepte. Besucher erfahren auch viel darüber, wie sich die Ausbildung von Erzieherinnen und Erziehern im Laufe der Zeit verändert hat. Nicht zuletzt sorgen Ausstellungen etwa zu den Themen „100 Jahre Montessori-Pädagogik“, „Krippen von und für Kinder gebastelt“ oder „Puppenstuben und Puppenhäuser im Wandel der Zeit “ ebenso wie Märchenstunden oder spezielle Bastelprogramme immer wieder für Abwechlung in den Museumsräumen. Der Verein bietet auf Wunsch Gruppen- und auch Einzelführungen an.

■ Die NRW-Stiftung förderte die Einrichtung des Kindergartenmuseums.

9 FÖRDERTURM FRANZISKA

Rund 2000 Jahre haben die Menschen tief im Lüderich, einer Hügelkette im Bergischen Land, nach wertvollen Erzen gesucht. Einer der letzten Zeugen dieser Bergbautradition ist der Förderturm Franziska-Schacht in Rösrath-Hoffnungsthal. 237 Meter geht der Franziska-Schacht in die Tiefe, der als vierter Schacht der Grube Lüderich 1892 niedergebracht wurde. Wesentlich tiefer, als die alten Römer je gegraben haben, die hier im 1. Jahrhundert nach Christus auf der Suche nach Blei- und Silbererzen ihre Spuren in der Gegend hinterlassen haben.

Die fragil anmutende graue Metallkonstruktion über dem Franziska-Schacht mit ihren großen Förderrädern ist ein Zeugnis des Bergbau-Booms, der im 19. Jahrhundert am Lüderich mit dem Abbau von Blei und Zink wieder einsetzte und zeitweise 3000 Bergarbeiter in Lohn und Brot hielt. Die Geschichte des Franziska-Schachtes und ihres Förderturms ist im Vergleich zu der langen Tradition allerdings verhältnismäßig kurz. Obwohl noch 1950 die sehr ertragreiche Lagerstätte „Hangender Sommer" entdeckt wurde, wurde die Förderung auf dem Franziska-Schacht 1958 eingestellt. 1978 schließlich wurde der Bergbau am Lüderich ganz aufgegeben.

Der Förderturm in Hoffnungsthal blieb stehen und ist eines der letzten sichtbaren Zeugnisse des Bergbaus in der Umgebung. Ein Zeugnis, das lange vor sich hin rostete und erst 1981 notdürftig mit Korrosionsschutz versehen wurde. Dank einer umfangreichen Restaurierung, bei der 2001 auch Bodenbleche und Nietverbindungen erneuert wurden, wird der Turm noch auf lange Zeit erhalten bleiben und kann jederzeit besichtigt werden.

Informationen
A3 Ausfahrt Rösrath, in Richtung Hoffnungsthal; am Park&Ride Parkplatz Bahnhof Hoffnungsthal und ein Stück weiter am Schwimmbad-Parkplatz Hofer Weg startet ein ausgeschilderter Wanderweg, der den Berg hoch zum Förderturm führt.

Mit Unterstützung der NRW-Stiftung wurden Sanierungsarbeiten durchgeführt und Infotafeln zum Bergbau aufgestellt.

Als letzter Zeuge des Bergbaus in Hoffnungsthal blieb der Förderturm Franziska-Schacht stehen.

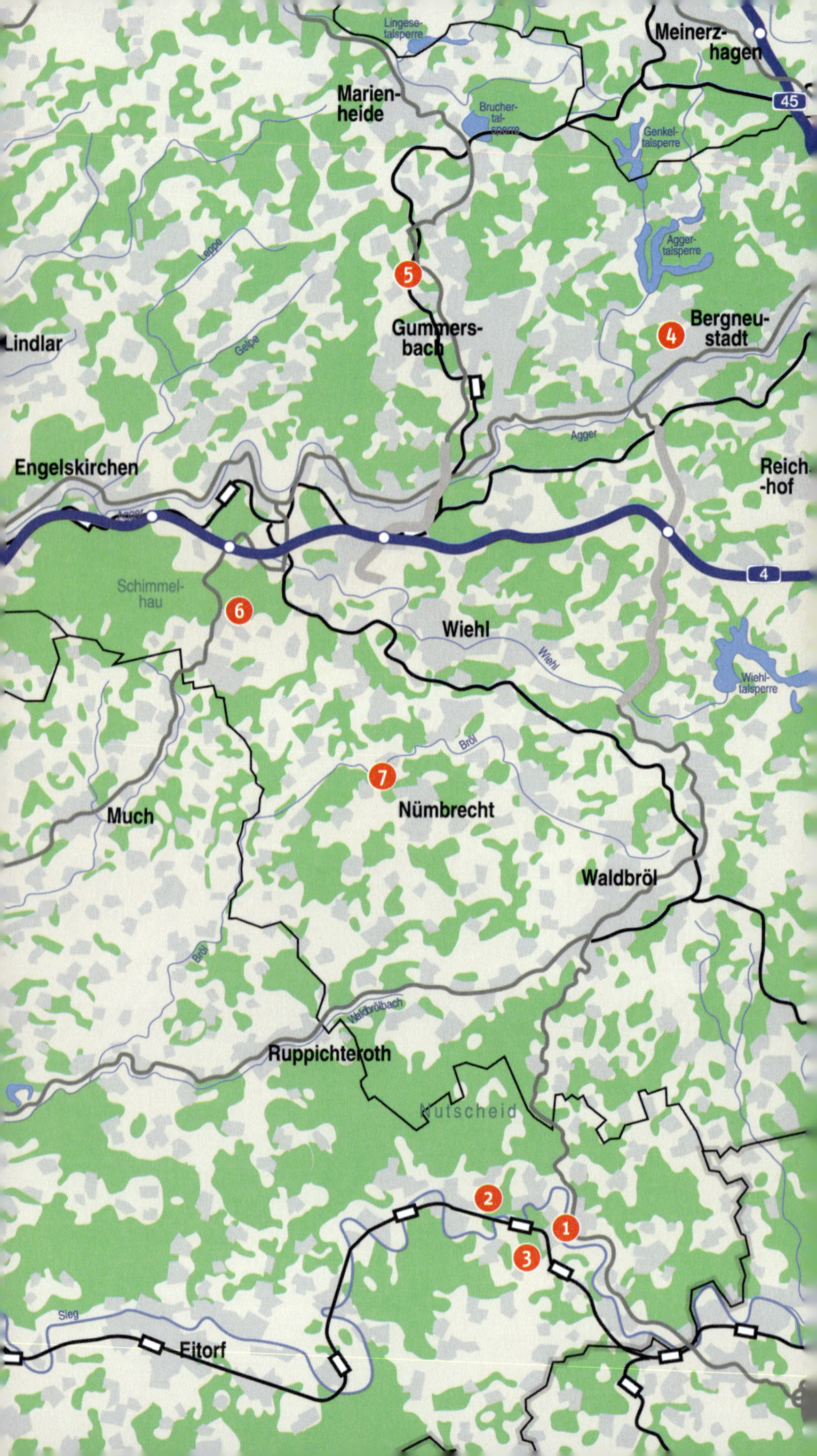

Lingese-talsperre
Meinerz-hagen
45
Marien-heide
Brucher-tal-sperre
Genkel-talsperre
Agger-talsperre
Leppe
5
Lindlar
Gelpe
Gummers-bach
4
Bergneu-stadt
Agger
Engelskirchen
Reich-hof
Agger
4
Schimmel-hau
6
Wiehl
Wiehl
Wiehl-talsperre
Bröl
7
Much
Nümbrecht
Waldbröl
Bröl
Waldbrölbach
Ruppichteroth
Nutscheid
2
1
3
Sieg
Eitorf

OBERBERGISCHES LAND

BUNTER WALD UND BUNTE KIRCHEN

Das Oberbergische Land besticht durch seine reizvolle und abwechslungsreiche Kulturlandschaft, die der Mensch bereits seit Jahrhunderten prägt. In dieser sanft hügeligen Region sorgen Landwirte, Naturschützer und Mitarbeiter biologischer Stationen in enger Kooperation dafür, dass die Vielseitigkeit von Natur- und Kulturlandschaft erhalten bleibt. Die Pflege der empfindlichen Tier- und Pflanzenwelt steht dabei im Vordergrund, zugleich können so die zahlreichen Wanderer, Radfahrer und Spaziergänger wohltuende Erholung finden.

Es wurden Hecken wieder angepflanzt und Obstbaumwiesen neu angelegt. Beides trägt dazu bei, den heimischen Vögeln Schutz, Nahrung und Brutplätze zu sichern. Ziegen und Schafe helfen, die schönen Heide- und Moorgebiete von

Bild oben:
Indian Summer an der Wiehltalsperre.

Büschen und Bäumen freizuhalten. Um Erhalt und Pflege dieser Kulturlandschaft macht sich vor allem der Naturpark Bergisches Land verdient.

Blick auf Bruch im Oberbergischen Land.

Mit der Entstehung dieser Gegend beschäftigt sich der Landschaftsverband Rheinland. Im Freilichtmuseum Lindlar – mit Schwerpunkt Umwelt und Ökologie – zeigt der LVR, wie die Menschen früher mit der Natur gelebt und gearbeitet haben. Dabei werden natürliche Kreisläufe in der Kulturlandschaft des Bergischen Landes nachvollziehbar. Wie vor 100 Jahren wirtschaftet der Museumsbetrieb mit Pflug, Egge und viel Schweiß und beherbergt seltene, heute fast ausgestorbene alte Nutztierrassen.

Neben der bäuerlichen Arbeit in Haus und Hof steht hier das ländliche Handwerk im Mittelpunkt: In original wieder aufgebauten Handwerksbetrieben können die Besucher Männern und Frauen bei traditionellen Arbeiten wie der Seilerei, Bandweberei oder dem Schmieden zusehen. Im Museumsladen stehen selbst gefertigte Naturprodukte aus dem ökologischen Anbau zum Verkauf. Nur 800 Meter vom Bergischen Freilichtmuseum entfernt liegt am Ortseingang der Gemeinde Lindlar das Wasserschloss Heiligenhoven. Mit dem Schlosspark,

Haus Hoppengarten, typisch bergisches Wohn- und Stallhaus aus dem Jahre 1793, befindet sich heute im Bergischen Freilichtmuseum Lindlar.

der Waldschule und dem Umweltzentrum Heiligenhoven ist es ein beliebtes Ziel für viele Besucher.
An der Zukunft des Bergischen Landes wird vielerorts gearbeitet, besonders intensiv in Nümbrecht-Benroth, dem „Ökologischen Dorf der Zukunft“. Dieser Titel geht zurück auf ein Projekt des Landes NRW aus den 1990er-Jahren. Benroth war einer der drei Standorte, an denen beispielhaft die Möglichkeiten einer ökologisch, ökonomisch und sozial ausgewogenen Dorferneuerung aufgezeigt wurden. Der etwa einstündige Weg („Ökomeile“) durch das Dorf ermöglicht einen interessanten Einblick in das Projekt, das viele ehrenamtliche Mitglieder des Vereins Benroth fortführen.
Ein Abstecher in die Erdgeschichte des Oberbergischen lässt sich ab Nümbrecht auf ganz ökologische Weise machen: mit dem Nachbau einer historischen Postkutsche von 1871, die regelmäßig nach Wiehl pendelt. Hauptattraktion dort ist eine Tropfsteinhöhle, um die herum zahlreiche Versteinerungen von Lebewesen eines Korallenriffs aus dem urzeitlichen Devonmeer gefunden wurden.

Die Postkutsche pendelt regelmäßig zwischen Nümbrecht und Wiehl – ein Nachbau einer historischen Kutsche aus dem Jahr 1871.

Das eigentliche Wahrzeichen des Oberbergischen ist aber von Menschen gemacht: die „Bunte Kerk“, womit ursprünglich nur die in Lieberhausen gemeint war. Mittlerweile bezeichnet der Begriff aber alle Kirchen in der Region, die mit einer bestimmten Art von mittelalterlichen Deckenmalereien verziert sind, die es nur hier gibt. Die ungewöhnlichsten hat das Kirchlein in Lieberhausen: Über die Jahrhunderte wurden sie immer wieder ergänzt und erweitert – sogar nach der Reformationszeit: eine wahrhaft bunte Kirche, was man dem schlichten Bau von außen nicht ansieht. Aber im Bergischen lohnt es ja immer, genauer hinzuschauen.

1 GRUBE SILBERHARDT

Im „Steigerlied“, der klassischen Bergbau-Hymne, ist kein einziges Mal die Rede von Kohle. Es geht um „Glück auf“, um die Hoffnung, wieder ans Tageslicht zu kommen. Es geht ums „helle Licht bei der Nacht“ und um „das Silber und das Gold“. Aber von Kohle? Keine Spur. Der Grund ist einleuchtend: Das Steigerlied wird schon seit fast 500 Jahren gesungen – länger, als Steinkohle im Tiefbau gewonnen wird. Der Erzbergbau in Stollen und Schächten hingegen hat eine viel ältere Geschichte. Im Windecker Stadtteil Oettershagen etwa wurden im Bergwerk „Silberhardt“ nachweislich seit dem 13. Jahrhundert Erze abgebaut. Besonders begehrt war selbstverständlich das Silber, welches man aber fast nie alleine findet. In aller Regel lagert es zusammen mit Blei und weiteren unedlen Metallen. So auch in der Grube Silberhardt, in der unter anderem auch noch Eisen und Zink gefunden wurden.

Zu Spitzenzeiten arbeiteten hier bis zu 400 Mann vor Ort oder in den Erzwäschen, zu schlechten Zeiten hingegen fuhr Jahrzehnte lang niemand ein. Während des Dreißigjährigen Krieges zum Beispiel kam die Produktion

So sieht der Eingang zur Grube Silberhardt inzwischen wieder aus: Ehrenamtliche Helfer legten das historische Bergwerk frei.

zum Erliegen. Das endgültige Aus für die Grube erfolgte aber erst um das Jahr 1925. Spätere Versuche, an dieser Stelle noch einmal Erze abzubauen, schlugen fehl. Und so wuchs schließlich buchstäblich Gras über die ganze Sache: Sich selbst überlassen, stürzten Stollen ein und Geröll versperrte die Eingänge.

Ab 1997 begannen Mitglieder des örtlichen Heimatvereins, die Grube wieder zu öffnen, aufzuräumen, in Stand zu setzen – kurz: Silberhardt sollte Besucherbergwerk werden. 1999 ging die erste Besuchergruppe unter Tage, und seitdem wächst die Zahl der Gäste ständig weiter. Rund 10.000 Stunden ehrenamtlicher Arbeit investierten die Vereinsmitglieder bisher, sie schafften mehr als 100 Lastwagen-Ladungen Abraum weg. Und nicht nur das: Sie entzündeten auch das helle Licht bei der Nacht, damit die Gäste sehen konnten: Hier gibt es nicht nur Felsgestein. 250 Meter legen Interessierte derzeit unter Tage zurück, während der etwa einstündigen Führung erfährt man etwas über Abbautechniken des 15., des 18. und des 20. Jahrhunderts. Und wer will, kann selbst zum Werkzeug greifen und ausprobieren, wie schwer es ist, mit historischem Gezähe das Silber, das Gold oder wie in diesem Falle den Bleiglanz aus dem Stein zu schlagen. Denn wenn auch die Förderung unwirtschaftlich geworden war, so sind doch immer noch Erzreste in der Grube vorhanden.

In den kommenden Jahren sollen die alten Stollen weiter erschlossen werden, will man den Besuchern noch mehr Bergbauerlebnis präsentieren. Einstweilen hat man auch über Tage Sehenswertes in Szene gesetzt: Auf einem knapp zwei Kilometer langen Bergbau-Rundwanderweg zeigen unterschiedliche Stationen zum Beispiel, wie das Erz verarbeitet wurde. Dabei spielte im Mittelalter die Holzkohle für die Verhüttung eine wichtige Rolle, denn die Steinkohle-Verkokung war ja noch nicht erfunden. Also rekonstruierten die Freizeit-Bergleute einen Holzkohlenmeiler und eine Köhlerhütte. Die Verhüttung erfolgte in sogenannten „Rennöfen". Ein solcher steht ein Stückchen entfernt.

Auf der Halde des oberen Stollens sind ein Holzkohlenmeiler und eine Köhlerhütte rekonstruiert worden.

Bei einer geführten Wanderung erfährt man noch viel mehr, als die beschilderten Stationen verraten. So gab es mehrere Gruben, an unterschiedlichen Stellen wurde hier nach Erz gegraben. Der Fachmann erkennt dies zum Beispiel an so genannten „Pingen", kraterähnlichen Vertiefungen im Boden: Es sind verfüllte und dann abgesackte Schächte oder Tagebau-Gruben vom Erzschürfen.

Bis in 158 Meter Tiefe haben die Bergleute hier ihre Gänge getrieben. Die Länge der größtenteils verschütteten Stollen schätzen die ehrenamtlichen Hobby-Bergmänner auf insgesamt rund zwei Kilometer. Komplett wollen sie diese wahrscheinlich nicht freilegen, aber es gibt konkrete Pläne, das historische Bergwerk Stück für Stück weiter zu erschließen. Und auch das museumspädagogische Angebot soll weiter wachsen.

Informationen

Bergwerk „Silberhardt"
Verkehrsverein Windecker Ländchen e.V.
Rathausstr. 12
51570 Windeck-Rosbach
Tel. 02292 / 194 33
www.grube-silberhardt.de

Mithilfe der NRW-Stiftung gelang es dem Heimatverein Rescheid, die Grube zum Schaubergwerk auszubauen.

2 HEIMATMUSEUM WINDECK

In einem historischen Glockenstuhl auf dem Vorplatz des Heimatmuseums Altwindeck glänzen drei bronzene Glöckchen, die zu besonderen Anlässen kräftig „gebeiert" werden. So nennt man es, wenn die Klöppel angeschlagen werden, während die Glocken selbst in Ruhestellung bleiben. Das Läuten kann mit der Hand oder mithilfe von Seilen geschehen – die dabei entstehenden Rhythmen und Melodien aber sind festgelegt. Und jeder Ort hier hat seine eigenen. Auch Besucher des Heimatmuseums dürfen sich im Beiern versuchen, „denn nur durch Ausprobieren und Selbermachen lassen sich die hiesigen Traditionen und das ländliche Leben hier in der Region wirklich begreifen", ist der ehemalige Vorsitzende des Fördervereins für das Heimatmuseum Dieter Steinhauf überzeugt. Die Freunde und Förderer des Emil Hundhausen Heimatmuseums in Altwindeck e.V. organisieren auch Aktionstage und Veranstaltungen, beispielsweise einen „Handwerkermarkt".

Glockenstuhl vor dem Heimatmuseum Windeck.

Besucher dürfen dann nicht nur die wertvollen Exponate des Museums bestaunen – Funde aus der Burg Windeck, alte Möbel und Alltagsgegenstände, einen vollständigen Tante-Emma-Laden, Schmiede- und Uhrmacherwerkzeuge, Kinderspielzeug und vieles mehr. Sie dürfen auch selbst mit anpacken und backen oder mahlen wie vor hundert Jahren.

Neben dem Museumsgebäude selbst, der ehemaligen Schule des Ortes, gehören zum Heimatmuseum Altwindeck auch eine Wasser- und eine Goepelmühle. Mühlen dieser Art wurden in der Regel von Tieren, meist von Eseln oder Pferden, angetrieben. Auch eine Scheune und zwei Fachwerkhäuser gehören zum Museum. Die beiden Gebäude aus dem 17. Jahrhundert haben die ehrenamtlichen Helfer vor Abriss und dem endgültigen Verfall bewahrt und im Museum Stück für Stück wieder aufgebaut.

Das „Eindachhaus“ etwa: Stall, Scheune und Wohnräume sind unter einem Dach zusammengefasst. Im Inneren des Gebäudes finden sich die Küche mit einem „Backes“, eine voll eingerichtete Wohnstube und Schlafkammer und natürlich zahlreiche landwirtschaftliche Geräte. Auch ein traditionell angelegter Bauerngarten und der alte Glockenstuhl auf dem Vorplatz zeugen vom ländlichen Leben in früheren Zeiten. Im Giebel des Glockenstuhls hat übrigens ein betagtes Glöckchen der Altwindecker Kapelle seinen Altersruhesitz gefunden. Hier kann es sich – genau wie die Besucher des Heimatmuseums – am hellen Klang seiner drei jüngeren Geschwister freuen. Denn wegen eines Risses im Glockenmantel kann das Glöckchen selbst nicht mehr „gebeiert“ werden.

Informationen

Heimatmuseum Windeck
Im Thal Windeck 17
51570 Windeck-Altwindeck
Tel. 02292 / 38 88
Tel. 02292 / 40 150
www.heimatmuseum-windeck.de

Öffnungszeiten:
April bis November:
Sa/So/Fei 14-18 Uhr
Februar bis März:
So/Fei 14-18 Uhr

Die NRW-Stiftung finanzierte das Glockenspiel im Heimatmuseum Windeck-Altwindeck mit.

3 GEDENKSTÄTTE LANDJUDEN

In dem Fachwerkhaus am Rande von Windeck-Rosbach, ganz in der Nähe des Siegufers gelegen, ist der Tisch für den freitäglichen Sabbat-Abend gedeckt: Kerzen in silbernen Leuchtern, koscherer Wein und das wie ein dicker Zopf geflochtene Brot stehen auf dem weiß-roten Tischtuch. Einladend und feierlich sieht das aus – ganz so, als könnte jeden Moment die Familie zum Abendessen hereinkommen. Um genau so eine Wirkung geht es in der Gedenkstätte „Landjuden an der Sieg“: Hier soll die Erinnerung lebendig gehalten werden an die jüdischen Mitbürger, die während der Zeit des Dritten Reiches verfolgt, vertrieben und ermordet wurden.
Als Beispiel dafür steht die Familie Seligmann: Der angesehene Metzgermeister Moses Seligmann hatte das Haus an der Bergstraße mit Stall und Scheune 1917 für seinen Sohn Max gekauft. Der war Altwarenhändler und machte aus dem Stall eine Werkstatt, in der er von der Sammeltasse über Töpfe bis zum Lederschuh alles aufarbeitete, was sich noch verkaufen ließ. Dann zog er mit dem Pferdewagen über Land und bot seine Waren an. Von den fünf erwachsenen Kindern und ihren Familien überlebte nur Sohn Alfred die NS-Zeit, weil er samt Familie rechtzeitig nach Argentinien emigrieren konnte. Max Seligmann selbst wurde zwar verfolgt, da aber seine als Katholikin geborene, zum jüdischen Glau-

Fotos aus dem Familienalbum der Seligmanns – mit solchen sehr persönlichen Erinnerungsstücken wird die Geschichte der Juden an der Sieg lebendig gehalten.

ben konvertierte Frau Maria nach den Nürnberger Rassengesetzen als „arisch" galt, überlebten beide.

Die Schwiegertochter von Maria und Max, Hilde Seligmann, stellte das Haus und seine Einrichtung zur Verfügung, damit hier 1994 die Gedenkstätte eröffnet werden konnte. In den elf Räumen des rund 200 Jahre alten, zweigeschossigen Fachwerkhauses und der mit Originaleinrichtung erhaltenen Werkstatt wird – ausgehend von der wechselvollen Geschichte der Familie Seligmann – die Historie der jüdischen Gemeinden entlang der Sieg ausgebreitet, werden Religion und Kultur, Arbeit und Alltag, aber auch Verfolgung und Vernichtung erläutert. In einer umfangreichen Sammlung von Bild- und Textmaterial ist die dargestellte Geschichte umfassend dokumentiert.

Die wissenschaftliche und personelle Betreuung der Gedenkstätte sowie die weitere Erforschung und Aufbereitung jüdischer Geschichte im Siegraum liegen heute in der Hand des Archivs des Rhein-Sieg-Kreises. Unterstützt wird das Projekt von der NRW-Stiftung und dem „Förderverein Gedenkstätte Landjuden an der Sieg e.V."

In diesem 200 Jahre alten Fachwerkhaus eröffnete 1994 die Gedenkstätte „Landjuden an der Sieg".

Informationen

Gedenkstätte
„Landjuden an der Sieg"
Bergstraße 9
51570 Windeck-Rosbach
Tel. 02292 / 67 001 oder
Tel. 02241 / 13 25 65
(Kreisarchiv)
www.windeck-bewegt.de

Öffnungszeiten:
Mi 14-16 Uhr, jeden 1. und 3. Sonntag im Monat 14-17 Uhr, Gruppen nach Vereinbarung.

Die Gedenkstätte wurde mithilfe der NRW-Stiftung eingerichtet.

4 HEIMATMUSEUM BERGNEUSTADT

Nicht viele Orte haben eine so bestrickende Vergangenheit wie Bergneustadt im Oberbergischen Kreis. Schließlich wurden hier noch bis 1980 feine Strickwaren und Textilien produziert. Sogar die erste deutsche „Miss World" Petra Schürmann betörte die Zuschauer 1956 bei ihrem siegreichen Auftritt in London mit einem Badeanzug aus Bergneustadt. Heutzutage sorgt ein anderes Bergneustädter Produkt bisweilen für noch mehr Aufmerksamkeit – zumindest bei Autofahrern. Denn fast alle elektronischen Preisanzeigetafeln an deutschen Tankstellen stammen aus der Stadt nahe der Aggertalsperre. Doch dafür bieten die Gassen des malerischen Ortskerns von Bergneustadt umso mehr Ruhe für einen entspannten Spaziergang durch die Geschichte. Die historische Keimzelle von Bergneustadt liegt auf einem Bergsporn hoch über dem modernen

Straßengewirr. Im Mittelalter gab es hier eine wehrhafte Stadtmauer und eine Burg, an die noch ein tief in den Felsen geschlagener Burgbrunnen aus dem 14. Jahrhundert erinnert. Mögen die trutzigen Befestigungen inzwischen auch längst verschwunden sein, immer noch bilden die vielen schieferverkleideten und blumengeschmückten Fachwerkhäuser ein reizvolles Altstadt-Ensemble, das heute komplett unter Denkmalschutz steht.

Neben der evangelischen Kirche aus dem 17. Jahrhundert, die mit ihrem Zwiebelturm zugleich das Wahrzeichen der Stadt ist, fallen dem Spaziergänger bei seinem Rundgang zwei weitere Gebäude besonders ins Auge: Zum einen ist da die um 1880 erbaute Villa der Textilunternehmerfamilie Krawinkel, ein klassizistischer Steinbau, der einen starken Kontrast zur traditionellen Fachwerkarchitektur ringsum bildet. Zum andern sticht das Gebäude des 1984 eröffneten

MUSEUM

Heimatmuseums hervor, das diese Fachwerkarchitektur besonders eindrucksvoll repräsentiert. Im alten Gewölbekeller des zweigeschossigen Hauses aus dem 18. Jahrhundert sind sogar noch Reste der alten Stadtmauer erhalten.

Im Museum wird man von stimmungsvollen Rauminszenierungen in typische Wohn- und Arbeitssituationen aus der bergischen Vergangenheit versetzt: Man „erlebt" zum Beispiel eine gute Stube, eine Küche, ein altes Kontor (alle aus der Zeit um 1900), eine nahezu vollständige Lagerapotheke und ein Klassenzimmer aus den Tagen, als Rohrstock und Schiefertafel noch den Schüleralltag prägten.

Viel Raum ist dem Handwerk gewidmet. Es gibt eine authentische Museumsschmiede sowie ein Backhaus, in dem noch regelmäßig Steinofenbrote gebacken werden. Zu einem Museum gehören auch Wechselausstellungen. In Bergneustadt steht dafür eine zweigeschossige Galerie zur Verfügung, die auch für Trauungen genutzt wird. Womit nicht gesagt sein soll, dass das Museum vor lauter Herzensangelegenheiten den Kopf vernachlässigen würde.

Informationen

Heimatverein
„Feste Neustadt" e.V.
Museum und
Tourist-Information
Wallstraße 1
51702 Bergneustadt
Tel. 02261 / 431 84
www.heimatmuseum-bergneustadt.de
www.bergneustadt.de

Die NRW-Stiftung unterstützte Ausbau und Einrichtung des Heimatmuseums.

Ganz im Gegenteil – für „Haupt-Sachen“ ist man hier sogar Feuer und Flamme: Schließlich wird in Bergneustadt eine der größten Sammlungen von Feuerwehrhelmen präsentiert, die es in Deutschland gibt. Ein ganzer Raum ist den Helmen gewidmet, die der Sammler Dietmar Koch dem Museum gab. Was auf den ersten Blick vielleicht eher unspektakulär klingt, entpuppt sich bei näherem Hinsehen als Weltreise durch eine beeindruckende Vielfalt von Formen, Farben und Funktionen: Feuerwehrhelme aus unterschiedlichen Ländern und Epochen schimmern in den beleuchteten Vitrinen – prächtig wie eine edle Hutsammlung und passend zum Motto der Ausstellung: „Gut behütet“. Tatsächlich sind einige alte Exemplare aus dem 18. und 19. Jahrhundert regelrechte Schmuckstücke.
Doch auch so manches Kuriosum lässt sich entdecken: Man lernt zum Beispiel, dass die Abkürzung DFB nicht immer etwas mit dem Deutschen Fußball-Bund zu tun haben muss, sondern auch „Dublin Fire Brigade“ heißen kann. Und man darf sich über das – hier natürlich nicht gelüftete – Geheimnis des „längsten Feuerwehrhelms der Welt“ den Kopf zerbrechen; ja, sogar zwei Köpfe …

SEHENSWERT

Alte Schmiede
Seit Frühjahr 2010 betreibt der Drucker Helmut Hof im Nebengebäude des Museums in der Kirchstraße 1 eine Museumsdruckerei. Sie ist an jedem zweiten und vierten Samstag im Monat sowie auf Anfrage im Heimatmuseum geöffnet. Besucher können selbst unter Anleitung des Druckers kleine Karten, Lesezeichen und Exlibris bedrucken.

■ Informationen
siehe Heimatmuseum

5 RIESELWIESE IM STROMBACHTAL

Hauhechel-Bläuling.

Eine Wässerwiese? Was ist denn das? Ganz einfach: Man leitet Wasser aus einem Bach auf die Wiese, damit das Gras besser wächst. Merkwürdigerweise entstanden solche Wässerwiesen meist ausgerechnet dort, wo es sowieso eher feucht war – nämlich in den Mittelgebirgen. In Teilen des Bergischen und des Siegerlandes war seit dem 19. Jahrhundert die Wiesenbewässerung eine bewährte Methode, um die Erträge bei der Heu-Ernte auch ohne den Einsatz von Dünger zu steigern.

Im Strombachtal nahe Gummersbach kann man heute wieder erleben, wie eine Wiese gemäß der jahrhundertealten Tradition genutzt wird. Zwischen Liefenroth und Hanfgarten liegt das rund 3.000 Quadratmeter große Stück Land, das seit dem Jahr 2010 wieder als Wässerwiese bewirtschaftet wird.

Das Bachwasser bringt gelöste Nährsalze und Schwebstoffe mit, die das Wachstum der Gräser und Kräuter fördern. In Zeiten, als der Mineraldünger noch nicht erfunden war und Stallmist als wertvoller Humuslieferant auf den Acker gefahren wurde, nutzte man die kostenlose „Nährkraft“ der Fließgewässer. Außerdem ließ das Wasser im Frühjahr den Schnee schneller wegtauen und ermöglichte so dem Gras eine längere Wachstumsperiode.

Diplom-Landwirt Hermann Platzen beim Öffnen der Wiesengräben.

Im Jahr 1932 hatte der Liefenrother Landwirt Wilhelm Viebahn am Strombach ein ausgeklügeltes Grabensystem nach Art der Siegerländer Wässerwiesen angelegt. Seither befindet sich das Wasserrecht in Familienbesitz. Nachdem die Wiesenbewässerung vor Jahrzehnten eingestellt worden war, entschloss sich der Enkel des Erbauers, Dr. Hermann Platzen, die alte Tradition wieder aufzunehmen.

Betreut von der Biologischen Station Oberberg,

Im Strombachtal nahe Gummersbach wird eine Parzelle wieder nach alten Traditionen als Wässerwiese genutzt.

reaktivierte Platzen die Gräben, stellte die Wehre und Umlenkvorrichtungen wieder her und demonstriert seither, wie man mit den Kräften der Natur nachhaltig wirtschaften kann. Als Landwirt und Agrarwissenschaftler kennt Platzen sich bestens aus.

Die Wässerwiese zwischen Liefenroth und Hanfgarten ist heute weit und breit das einzige funktionierende Beispiel dieser alten Wiesenbau-Technik. Von den besonderen Bedingungen auf den wechselfeuchten Wiesen im Strombachtal profitieren auch zahlreiche Pflanzen- und Tierarten – von Kriechendem Günsel, Kuckucks-Lichtnelke und Schlangen-Knöterich bis hin zu Erdkröte, Gemeiner Blutzikade und Hauhechel-Bläuling, die sich in Platzens Wässerwiese besonders wohl fühlen.

An einem Hauptwehr zweigt man aus dem Strombach im Frühjahr und im Herbst Wasser in einen oberhalb der Wiesen gelegenen Graben ab. Durch Anstau dieses Obergrabens mittels Wehren wird das Wasser in Seitengräben gelenkt. Von dort rieselt es in den Wurzelraum der Wiesen-Pflanzen. Überschüssiges Wasser sammelt sich dem natürlichen Gefälle folgend in etwas tiefer gelegenen Abzugsgräben. Von dort läuft es in den Strombach zurück.

Informationen

Biologische Station Oberberg, Rotes Haus
Schloss Homburg 2
51588 Nümbrecht
Tel. 02293 / 90 150
www.biostationoberberg.de

Mithilfe der NRW-Stiftung konnte die ehemalige Wässerwiese wiederhergestellt und für Demonstrationszwecke in Betrieb genommen werden.

Nur bei Nacht oder Regen verlässt der Feuersalamander sein Versteck.

6 NATURSCHUTZGEBIET IMMERKOPF

Die Menschen im Oberbergischen sind wahrlich nicht verwöhnt, wenn es ums Wetter geht: Während es im 40 Kilometer entfernten Köln bedeckt, aber trocken ist, schütten die von Westen heranziehenden Tiefs ihre Wolken genau bei ihnen aus. „Sommerkühles Berglandklima mit Steigungsregen“ nennen das die Wetterfrösche. Was die einen trübsinnig machen könnte, lässt andere erst richtig aufleben: zum Beispiel die Pflanzen am Immerkopf, einem von Wald und Moor bedeckten Berg bei Wiehl.

Am Immerkopf gedeihen einige Arten, die sonst vor allem im küstennahen Westeuropa vorkommen. Wo der nährstoffarme Boden vom Wasser durchsickert wird, treten diese Arten gehäuft auf und markieren im „Meer“ des mitteleuropäischen Normalgrüns die „atlantischen Inseln“. Moorlilie und Glockenheide gehören zu diesen besonders attraktiven Atlantikern. Der Englische Ginster und die Sparrige Binse sind schon un-

Quelljungfer – eine seltene Libellenart der Quellbäche im Immerkopfgebiet

Rund 600 Schafe grasen regelmäßig am Immerkopf. Sie sorgen dafür, dass das Moorgebiet nicht zuwuchert und sich seine typischen Pflanzen dort wieder ansiedeln können.

auffälliger, und nur der Spezialist wird zwischen Seggen, Wollgräsern und Sonnentau die Torfmoos-Raritäten entdecken.
In den niederschlagsreichen Mittelgebirgen entstehen Moore normalerweise in Mulden und auf Plateaus, weil dort das Wasser schlecht abfließen kann. Sie können sich aber auch an flachen Hängen bilden, wenn eingesickertes Regenwasser auf einer Stauschicht abläuft und talwärts in breiter Front austritt. Genau genommen sind Hangmoore also flächenhafte Quellen über Tonböden. Das Besondere am Immerkopf: Die Moor- und Feuchtheide-Flecken sind eingebettet in Biotope aus Erlen- und Birken-Sumpfwald, Eichen-Buchen-Wald, Niederwald und quelligen Siefen.
Die Eigenart der „Immerkopf-Moore" wurde schon vor 70 Jahren gerühmt, als der Waldbröler Lehrer und Naturschützer Dr. Albert Schumacher detaillierte Beschreibungen veröffentlichte. Seine alten Kartenskizzen und Fotos belegen, dass die offenen Hangmoore früher noch viel größer waren. Seinerzeit ließ man im Moor noch Schafe weiden oder ging „Heedhacken", das heißt, man holte sich Besenheide und Stücke des torfigen, durchwurzelten Oberbodens als Einstreu für die Viehställe. Das gelegentliche Entfernen der Torfmoose und Zwergsträucher begünstigte die konkurrenzschwachen Sumpfpflanzen. Als die Schafhaltung aufgegeben wurde, begann auch der Niedergang der

Der Mittlere Sonnentau gehört zu den botanischen Kostbarkeiten der Hangmoore.

Hangmoore. Wo nicht mehr geweidet oder abgeplaggt wurde, breiteten sich Bäume und Buschwerk aus. Das Schrumpfen der offenen Moorbereiche hatte aber noch andere Ursachen: Statt der Schafweide und der traditionellen bäuerlichen Waldnutzung wurde jetzt der Anbau von Nadelbäumen forciert. Ein Entwässerungsgraben hier, eine Fichtenschonung dort, eine Quellfassung oberhalb und ein breiter Wirtschaftsweg mittendurch – und wieder war ein Stück Moor verloren.

So alt wie die ersten naturkundlichen Beschreibungen sind auch die Versuche, die seltene Flora und Fauna des Immerkopfes zu schützen. Erst 1994 gelang der Durchbruch: Auf Initiative des Naturschutzbundes im Oberbergischen Kreis wurden mit Geldern der NRW-Stiftung und dem Know-how des Amtes für Agrarordnung Siegburg 65 Hektar Wald und Moor zusammengekauft und -getauscht. Langwierige Vorarbeiten waren notwendig. Den naturwissenschaftlichen Sachverstand, Beharrlichkeit und Überzeugungskraft brachten die oberbergischen Naturschützer dabei als „Eigenkapital“ ein. Sie lieferten eine 300-seitige Bestandsaufnahme und stellten eine detaillierte Planung auf. Die Biologische Station Oberberg koordiniert die Maßnahmen. Seitdem werden Gräben geschlossen und Fichten gefällt. Pflege und Entwicklung sind an den Zielen des Naturschutzes ausgerichtet.

Zu den wichtigsten Helfern gehört eine Schafherde, die regelmäßig ins Gebiet kommt. 600 hungrige Mäuler sorgen dafür, dass Birken und Besenheide nicht mehr in den Himmel wachsen. Daneben gibt es auch Waldbereiche, die der natürlichen Entwicklung überlassen bleiben.

Zugegeben, die historische Nutzung entsprach nicht immer den heutigen Vorstellungen von Nachhaltigkeit, dennoch bot die Landschaft ideale Bedingungen für viele Pflanzen und Tiere, die heute extrem gefährdet sind. Vielleicht trägt der Einsatz der Naturschützer am Immerkopf dazu bei, dass sie in der Region dauerhaft eine Heimat behalten.

Informationen

Biologische Station Oberberg, Rotes Haus
Schloss Homburg 2
51588 Nümbrecht
Tel. 02293 / 90 150
www.biostationoberberg.de

Die NRW-Stiftung hat Hangmoore und Bruchwälder am Immerkopf für Zwecke des Naturschutzes gekauft.

Als prächtigste Blume der Oberbergischen Hangmoore gilt die gelbblühende Moorlilie.

7 SCHLOSS HOMBURG IN NÜMBRECHT

Informationen
Biologische Station Oberberg
Schloss Homburg 2
51588 Nümbrecht
Tel.: 02293/90150
www.BioStationOberberg.de

Kinder
- Veranstaltungen zum Naturerleben
- Das Bergische Naturmobil
- Führungen über die Naturerlebnispfade
- Kindergeburtstage in der Natur

Im südlichen Teil des Oberbergischen Kreises erhebt sich in einem strahlenden Gelb das barocke Schloss Homburg. Die ursprüngliche Anlage, eine Höhenburg der Grafen von Sayn, wird erstmalig 1276 urkundlich erwähnt. Das Aussehen der Gebäude veränderte sich im Laufe der Jahrhunderte vielfach und wurde den wechselnden Bedürfnissen der Herrschaft sowie der ständig verbesserten Waffentechnik angepasst. Durch rege Bautätigkeit im 17./18. Jahrhundert entstand annähernd das heutige Bild von Schloss Homburg. 1926 gründete der Bergische Geschichtsverein ein regionales Museum. Heute ist das Museum Schloss Homburg ein modernes kulturhistorisches Museum mit vielfältigen Sammlungsthemen. Im Herrenhaus dokumentieren Rüstungen, Hieb- und Stichwaffen die ritterliche Kultur, prunkvolle Jagdgegenstände laden in die adelige Welt der Barockzeit ein. Bürgerliche Wohnwelten wie auch Spiele und Spielzeug zur Kaiserzeit veranschaulichen die Reise-

SEHENSWERT

Biologische Station / Rotes Haus
Nur hundert Meter vom Schloss entfernt liegt das so genannte Rote Haus, die ehemalige Zehntscheune des Schlosses. Das Gebäude ist heute Sitz der Biologischen Station Oberberg (BSO). Die BSO nimmt Aufgaben im Naturschutz und der Kulturlandschaftspflege wahr. Dazu gehören insbesondere die Betreuung und Pflege aller oberbergischen Naturschutzgebiete und anderer Landschaftsräume, die selten gewordene Pflanzen- und Tierarten beherbergen. Sie arbeitet dabei eng mit der örtlichen Land- und Forstwirtschaft, den ehrenamtlichen Naturschutzorganisationen und den Behörden zusammen. Die BSO bietet zudem Kindern und Jugendlichen bei zahlreichen Exkursionen die Möglichkeit, die oberbergische Natur bei Ausflügen oder Bildungsveranstaltungen zu erleben.
Gleich neben dem Roten Haus entsteht ein Anbau, in dem sich Besucher ab 2012 in einer neuen Ausstellung über die Naturschutzarbeit im „Homburger Ländchen" informieren können. Der so genannte „Landschaftsraum" soll insbesondere von Kindern und Jugendlichen als außerschulischer Lernort für die praktische Umweltbildungsarbeit oder bei besonderen Veranstaltungen auch von Erwachsenen und Familien genutzt werden.

Im Museum erfährt man, was eine bergische „Dröppelminna" ausmacht.

und Technikwelten Ende des 19. Jahrhunderts. Krönender Abschluss ist die historische Burgküche mit ihrem mächtigen Rauchfang. „Naturnutz-Naturschutz" im ehemaligen Forsthaus zeigt die ökologischen Veränderungen der oberbergischen Tier- und Pflanzenwelt.

Rund um das Schloss hat die Biologische Station Oberberg zudem Natur-Erlebnispfade eingerichtet, die eigenständig oder auch mit fachkundiger Begleitung begangen werden können. Unmittelbar am Schloss beginnt ein Wanderpfad, er führt durch Homburg-Bröl und Huppichteroth und kreuzt die historische Holsteins Mühle und das Naturdenkmal „Dicke Steine". Entlang dieser Strecken erfährt der Wanderer einiges über die Natur rund um Schloss Homburg und die Brölauen. Viel Zuspruch findet auch eine in die Baumkronen gebaute Plattform.

Informationen

Museum Schloss Homburg
Schloss Homburg 1
51588 Nümbrecht
Tel. 02293/9101-0
www.schloss-homburg.de

Bis etwa Mitte 2013 ist das Gelände wegen Baumaßnahmen nur eingeschränkt geöffnet, das Museum ist in dieser Zeit nicht zu besichtigen.

Kinder

- Kinderführungen
- Programme für Kindergeburtstage
- Audioguide-Führungen für Kinder
- Entdeckungsrallye

Mithilfe der NRW-Stiftung konnte eine naturkundliche Dauerausstellung auf Schloss Homburg eingerichtet werden.

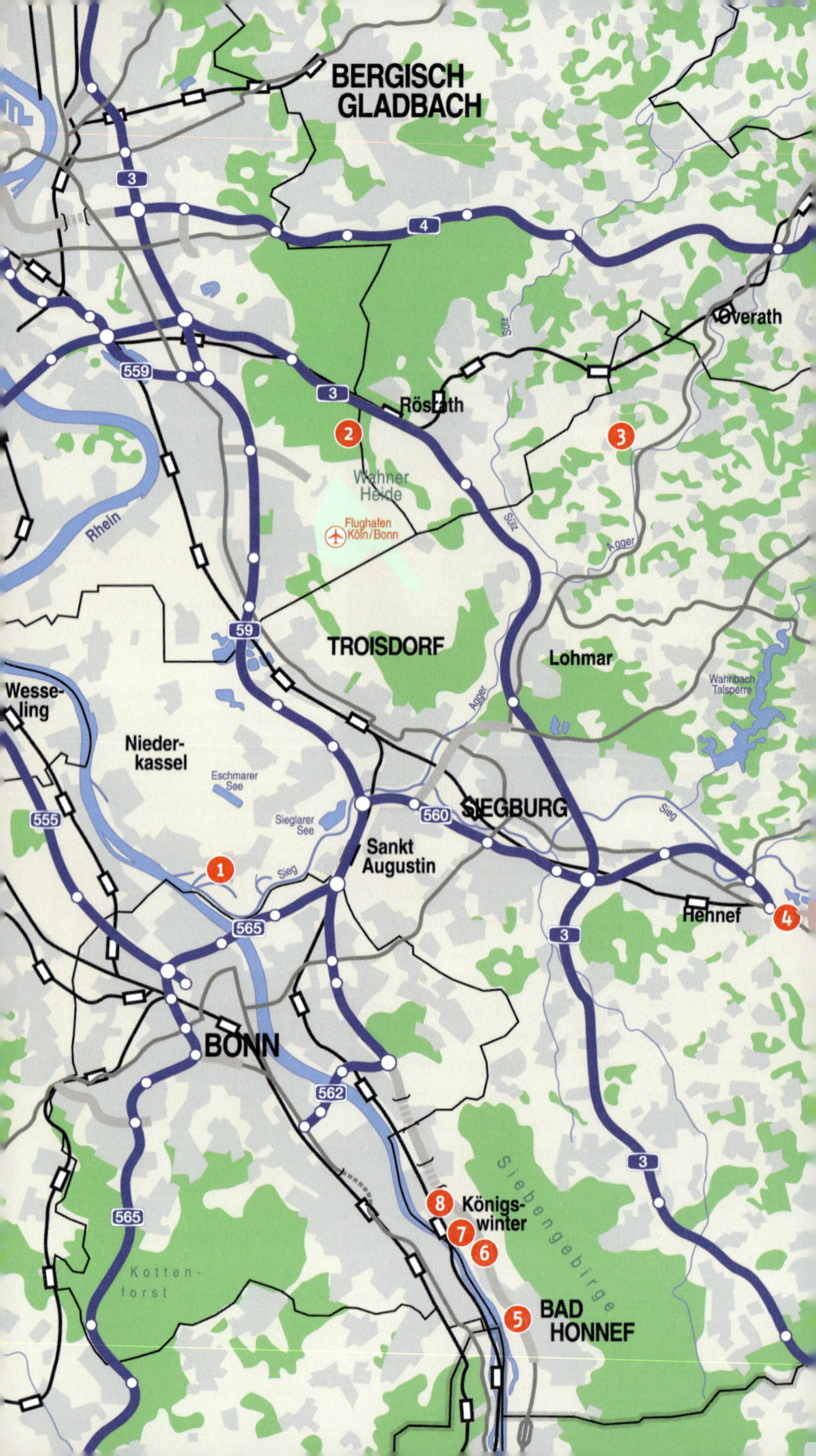
BERGISCH GLADBACH
Overath
Rösrath
Wahner Heide
Flughafen Köln/Bonn
Rhein
Sülz
Agger
TROISDORF
Lohmar
Wahnbach Talsperre
Wesseling
Niederkassel
Eschmarer See
Sieglarer See
Sieg
SIEGBURG
Sankt Augustin
Hennef
BONN
Königswinter
Siebengebirge
Kottenforst
BAD HONNEF
1
2
3
4
5
6
7
8
3
4
59
559
560
555
565
562

ZWISCHEN SIEG UND SIEBENGEBIRGE

BERGE, BURGEN, BEETHOVEN

Wer Bonn besucht, gerät fast zwangsläufig in folgendes Dilemma: Die Stadt selbst bietet so viel Interessantes und Sehenswertes, dass man viele kurzweilige Tage hier verbringen kann. Andererseits ist der ehemalige Regierungssitz nachgerade umzingelt von weithin und zu Recht gerühmten touristischen Attraktionen und sehenswerten Kleinoden. Ganz gleich, in welche Richtung man von Bonn aus aufbricht, man entdeckt sie überall. Ein Stückchen den Rhein aufwärts zum Beispiel den sagenumwobenen Drachenfels, die bekannteste Erhebung des Siebengebirges und einer der meistbestiegenen Berge der Welt. Seit den 1990er-Jahren waren die Besucherzahlen zwar rückläufig, allerdings wird seit einiger Zeit stark investiert, um

Bild oben:
Über einer uralten Kultstätte auf dem Bergkegel wurde im frühen 13. Jahrhundert die Godesburg errichtet. Die dortige Plattform auf 122 Metern über NN ermöglicht einen einzigartigen Blick über das Rheintal.

Der wahrscheinlich bekannteste Sohn der Stadt blickt am Bonner Münsterplatz von seinem Sockel: Ludwig van Beethoven.

den burg-bewehrten Felsen am Rhein zwischen Bad Honnef und Königswinter wieder attraktiver zu machen. Nicht zuletzt die NRW-Stiftung engagierte sich bei der Sanierung und Restaurierung von Schloss Drachenburg, das etwa auf halber Höhe steht. Ganz oben auf dem Gipfel thront eine mittelalterliche Burgruine. Wer den beschwerlichen Aufstieg geschafft hat oder sich bequem von der Zahnradbahn hat hinaufchauffieren lassen, der sieht gleich: Eine bessere Stelle für einen Wehrbau gab es weit und breit kaum. Denn in beiden Richtungen hat man einen weiten Blick auf den Rhein, sieht Freund und Feind rechtzeitig kommen. Heutzutage genießt man freilich unbeschwert das Panorama, blickt zum Beispiel hinab auf Rhöndorf und entdeckt mit etwas Glück und Ortskenntnis am östlichen Stadtrand das Häuschen von Konrad Adenauer mit seinem legendären Rosengarten. Oder Bad Honnef, das „rheinische Nizza". Diese schöne Bezeichnung wird gern Alexander von Humboldt in den Mund gelegt – jedoch zu Unrecht. Immerhin: Am Südhang des Siebengebirges gelegen, ist Honnef gegen raue Nord- und Ostwinde geschützt – aber offen für warme Luftströmungen aus Süd und West. Kein Wunder also, dass hier auch die ersten größeren Weinberge entlang des Rheins zu sehen sind.

In der anderen Richtung liegt Bonn. Die Stadt hat zwar ihren Status als Regierungssitz verloren, gewann seitdem aber deutlich an touristischer Attraktivität. So entstand entlang der Bonner Magistrale die Museumsmeile mit der Kunst- und Ausstellungshalle der Bundesrepublik Deutschland, dem Kunstmuseum Bonn, dem Forschungsmuseum Koenig, dem Deutschen Museum Bonn und dem Haus der Geschichte. Letzteres bietet spannende Einblicke und Einsichten in die jüngere Historie des Landes.

Aber Bonn hat auch viel ältere Geschichten zu erzählen. Etwa von Ludwig van Beethoven, der hier geboren wurde. Für zahlreiche Besucher aus dem In- und Ausland ist sein Geburtshaus das eigentliche Wahrzeichen Bonns. Im Haus des Komponisten in der Bonngasse ist ein Großteil der erhaltenen Beethoven-Erinnerungsstücke im Original zu sehen. Dazu zählen sein letzter Flügel, Beethovens Hörrohre und eine Auswahl an Briefen und Musikhandschriften.

Eine Schiffstour auf dem Rhein bei Königswinter.

Eine ganze Reihe weiterer Ausstellungen und Museen finden sich in und rund um die traditionsreiche Bonner Universität, die ihren Hauptsitz im ehemals kurfürstlichen Schloss in der Innenstadt hat.

Bonn hat noch zahlreiche andere Schlösser und Burgen, zum Beispiel die Godesburg, die Vorläufer aus der Frankenzeit gehabt zu haben scheint. Und selbst römische Hinterlassenschaften aus vorchristlicher Zeit finden sich hier. Wie gesagt: Man bräuchte Tage allein für diese Stadt.

1 FISCHEREIMUSEUM TROISDORF

Bis zur Mitte des vorigen Jahrhunderts war die Binnenfischerei an der Siegmündung ein florierender Erwerbszweig. Dann setzten die Industrie-Abwässer in Rhein und Sieg dem uralten Gewerbe ein trauriges Ende. Doch die Fischerfamilien aus Bergheim resignierten nicht. Sie besannen sich auf ihre Tugenden und stellten sich einer neuen Aufgabe: Statt ihre Fanggeräte nach Aal und Lachs auszulegen, lockten die Bergheimer Fischereibrüder interessierte Besucher in ihr Museum. 2010 haben sie ihren „Köder" erneuert: Eine moderne Dauerausstellung stellt die Lebensgemeinschaften der Sieg und ihrer Aue vor, beschreibt den ehemaligen Alltag der Binnenfischer und erzählt die faszinierende Geschichte ihrer Zunft.
1987 feierte die Fischereibruderschaft zu Bergheim an der Sieg ihr 1000-jähriges Bestehen und eröffnete aus diesem Anlass ein Museum. Da-

Der Besucher blickt vom neuen Museumsanbau auf einen Altarm der Sieg.

hinter stand der Wunsch, die alten Handwerkstechniken und das Wissen über den Fischfang für die Nachwelt zu überliefern. Ohne Kenntnisse der Lebensweise der einzelnen Fischarten, ihres Tages- und Jahresrhythmus' und der Gewässerverhältnisse wäre ein Leben als Flussfischer nicht möglich gewesen. Es war Erfahrungswissen, das von Generation zu Generation weitergegeben wurde, das aber auch mit den wechselnden Lebensverhältnissen erweitert und angepasst werden musste. Dazu kamen handwerkliche Fähigkeiten zum Anfertigen und zur Reparatur der Fanggeräte.

Als frühesten Beleg ihrer Existenz konnten die Fischerbrüder das Jahr 987 ausmachen, als der Deutsche Kaiser Otto III. das noch junge Damenstift zu Vilich anerkannte. Das damit verbundene Fischereirecht verlieh die Äbtissin an die Bergheimer Fischer. Als Gegenleistung stand dem Kloster ein Drittel des Fangertrags zu. Abgesehen von diesem

Markante Architektur: der neue Anbau des Fischereimuseums.

Brudermeister Willi Engels.

■ Die NRW-Stiftung unterstützte maßgeblich die Einrichtung der Dauerausstellung des neuen Museums.

„Vilicher Drittel" übten die Bergheimer das Fischereirecht „als ir eigen Gut" aus, wie eine Urkunde aus dem 16. Jahrhundert bezeugt.
Das Fanggebiet umfasste nicht nur die untere Sieg und ihre Altarme, sondern auch das rechte Rheinufer zwischen Beuel und Mondorf. Die Grenze Richtung Strommitte war allerdings nicht am Reissbrett vermessen, sondern variierte je nach körperlichem Geschick von Mensch und Tier, reichte sie doch „in den Rhein, so weit man mit einem Rosz reiten, mit einer Gleyen schießen und mit einem Haamnetz reichen kann". Die Gleye oder Glefe war eine Lanze, und das Haamnetz, das von einem rechteckigen Rahmen offen gehalten wurde, diente dem nächtlichen Fang von Wanderfischen in der Strömung.
Als das Kloster Vilich 1804 säkularisiert wurde, fiel das Recht „am dritten Fisch" zuerst an Frankreich, ab 1815 dann an Preußen. Das muss die Fischereibrüder arg gewurmt haben. Sie sparten eisern, verhandelten geschickt und kauften sich im Jahr 1850 für sechshundert preußische Taler los. Damit erlangten sie nach rund neunhundert Jahren fiskalischer Abhängigkeit die volle Souveränität über die „Fischereigerechtsame" und besitzen diese bis zum heutigen Tag, eine in der deutschen Rechtsgeschichte einmalige Leistung.
Und auf noch etwas sind die Bergheimer Fischereibrüder stolz: Sie sehen ihre Vereinigung als ältesten zunftähnlichen Zusammenschluss auf deutschem Boden.
Seit jeher vererbt sich die Mitgliedschaft von den Vätern auf die ehelichen Söhne, oder mit den Worten der alten Satzung: „Das weibliche Geschlecht ist von dieser Erblichen Fischerey gänzlich ausgeschlossen." Ein Problem hat damit offenbar niemand. Der einzige Rechtsstreit, der um eine Mitgliedschaft geführt wurde, betraf eine Adoption.
Auch ein anderer Brauch wird hochgehalten: Was bei Vereinen sonst „ordentliche Jahreshauptversammlung" heißt, nennt sich bei den Fischerbrüdern von alters her „Geding". Zweimal jährlich, nämlich am ersten Samstag nach

Blick in die neu gestalteten Räume des Museums.

Dreikönigstag und um den Johannistag, finden diese Treffen statt, bei denen auch der Nachwuchs feierlich aufgenommen und vereidigt wird. Dass man dafür heute unter einem Dach zusammenkommt, ist durchaus nicht selbstverständlich. Bis vor wenigen hundert Jahren traf man sich auf einer Wiese in der Siegaue.

Das heutige Haus gleichwohl ist weit mehr als ein thematisch ausgerichtetes Heimatmuseum. Museumsleiterin Dr. Heike Lützenkirchen ist fasziniert von dem Erfahrungsschatz der Fischer und von den Wechselwirkungen zwischen Natur und Kultur: „Die natürlichen Gegebenheiten, zum Beispiel das Abflussgeschehen der Sieg oder das Artenspektrum der Fische, die hier vorkommen, haben das Leben und Arbeiten ganz entscheidend geprägt. Umgekehrt haben auch die Menschen den Fluss stark verändert." Im Untergeschoss des Museums können die Besucher übrigens auch einen lebendigen Eindruck von den Flussbewohnern gewinnen: In drei großen Aquarien schwimmen Barsch, Rotfeder, Hecht und Co. und vermitteln den Gästen einen Eindruck, wie es unter der Wasserlinie der Sieg und ihren Altarmen aussieht.

Informationen

Fischereimuseum Bergheim an der Sieg
Nachtigallenweg 39
53844 Troisdorf-Bergheim
Tel. 0228 / 94 58 90 17
www.fischereimuseum-bergheim-sieg.de

Öffnungszeiten:
Sa 14-18 Uhr
So/Fei 12-18 Uhr
(im Winter 12-17 Uhr)

Kinder

- Kindergeburtstage
- Workshops
- Schulklassen

2 WAHNER HEIDE UND KÖNIGSFORST

Eichenwälder, Zwergstrauchheiden, Dünen, Sandmagerrasen mit Silbergras, Heidemoore mit Sonnentau und Torfmoos-Knabenkraut und Erlenbruchwälder mit Königsfarn: Im Übergang von der Rheinebene zum Bergischen Land bieten Königsfort und Wahner Heide ein abwechslungsreiches Biotopmosaik, das aufgrund seiner Bedeutung für den Naturschutz als „Nationales Naturerbe“ eingestuft ist. Rund um den Flughafen Köln/Bonn beherbergt dieses über 8.000 Hektar große Naturschutzgebiet mehr als 700 Tier- und Pflanzenarten der Roten Liste.

Das Militär prägte die Wahner Heide maßgeblich: Schon vor 180 Jahren nutzte die preußische Armee Teile der Heidelandschaft für ihre Schießübungen. Später nutzten auch die deutsche Wehrmacht, die alliierten Besatzungstruppen, die NATO-Verbündeten und zuletzt die belgischen Streitkräfte das Gelände mit seiner Mischung aus offenen Flächen und Wald für militärische Übungen – die Wahner Heide war in großen Teilen Sperrgebiet und für die Öffentlichkeit nicht zugänglich. Nach dem Abzug der letzten Militäreinheiten engagierte sich das „Bündnis Wahner Heide“, das heute zusammen mit beteiligten Kommunen, Bürgerinitiativen, Na-

Informationen

Vier neue Besucher-Portale bilden die wichtigsten Zugänge zur Wahner Heide und zum Königsforst: Es sind dies Gut Leidenhausen in Köln-Porz (ab 2012), Burg Wissem in Troisdorf, der Turmhof in Rösrath und das alte Forsthaus Steinhaus in Bergisch Gladbach. Die Portale befinden sich in teilweise denkmalgeschützten Gebäuden und bieten einen bequemen Zugang von den Städten in das Naturschutzgebiet. Sie sind gut an den öffentlichen Personennahverkehr und das Straßennetz angebunden

Mehr Informationen unter www.wahnerheidekoenigsforst. de

Die NRW-Stiftung unterstützte die Einrichtung der Ausstellungsräume in den vier neuen Besucherportalen Burg Wissem, Turmhof, Gut Leidenhausen und Steinhaus.

turschutzverbänden und dem Köln-Bonner Flughafen im „Forum Wahner Heide" aufgegangen ist, für dieses wertvolle Naturschutzgebiet, damit es in den sensiblen Bereichen geschützt, zugleich aber auch für Besucher geöffnet wird. Wo früher Panzer den Boden zerpflügten, leisten heute Schafe, Glan-Rinder und Ziegen tierische Hilfe bei der Landschaftspflege: Mit ihrem Appetit halten sie nachwachsende Gehölze klein und die Weidelandschaft offen. Das kommt wiederum zahlreichen Vögeln, Insekten und anderen Kleintieren zu Gute, die hier Nistmöglichkeiten und Nahrung finden.
Alle amtlichen und ehrenamtlichen Akteure, die sich für den Schutz dieser einzigartigen Wald- und Heidelandschaft engagieren, arbeiten seit 2009 unter dem gemeinsamen Dach des Forum Wahner Heide in enger Partnerschaft. Da Wahner Heide und Königsforst unmittelbar im Köln-Bonner Ballungsraum liegen und insbesondere an den Wochenenden sehr viele Besucher anlocken, werden zur Zeit unter der Federführung des Forum Wahner Heide vier so genannte „Besucherportale" eingerichtet, die meist in denkmalsgeschützten Gebäuden untergebracht sind und von den angrenzenden Städten auch mit dem öffentlichen Nahverkehr bequem erreicht werden können. In diesen Portalen erfahren

Das alte Forsthaus „Steinhaus“ in Bergisch-Gladbach-Bensberg bildet eines von vier neuen Besucherportalen zur Wahner Heide.

Wo früher Truppen ihre Manöver abhielten, entstand ein ausgedehntes Naturschutzgebiet.

große und kleine Besucher alles Wissenswerte über den grünen Schatz im Ballungsraum, erhalten Ausflugstipps oder können sich für geführte Exkursionen anmelden. Einen guten Überblick der Veranstaltungs- und Informationsangebote bietet die Internet-Seite des Forum Wahner Heide (s. auch Informationskasten S. 136). Im Gelände selbst soll die Orientierung durch ein markiertes Wegesystem und zusätzliche Informationsangebote erleichtert werden. So erfahren Gäste etwa, dass der Eichenwald der Lebensraum des seltenen Mittelspechts ist oder wie sich die Speisezettel von Rindern und Ziegen zum Wohl der Heide ergänzen: Die Glanrinder fressen überwiegend Gras und Kräuter, während die Ziegen Blätter, Rinde und junge Zweige von Bäumen und Sträuchern bevorzugen. Schon jetzt gibt es einen drei- bis vierstündigen Rundwanderweg, der durch die offenen Heideflächen von „Geisterbusch“ und „Unter der Dicken Heide“, am Flughafen entlang und durch den Waldbereich in der nördlichen Wahner Heide führt.

3 NATURSCHULE AGGERBOGEN

Wollten Sie schon immer einmal in den „Zauberwald“ verschlagen werden, an einer „Kleintiersafari“ teilnehmen oder sich als „Detektiv im Winterwald“ betätigen? Dann sind Sie bei der Naturschule Aggerbogen in Lohmar genau richtig, denn diese Projekte sind nur einige der über 30 nach Jahreszeit variierenden Veranstaltungen. Mehr als 5.000 Kinder und Jugendliche, aber auch Erwachsene nehmen die vielfältigen Angebote und Exkursionen der Naturschule jährlich wahr.
Gegen Ende der 1980er-Jahre wurde das 16 Hektar große Gelände, auf dem sich heute die Schule befindet, von der Gemeinde Lohmar zur Renaturierung freigegeben. Zunächst hatten manche Bürger wenig Verständnis für die Pläne des Naturschutzbundes NABU, den „Landschaftsgarten Aggerbogen“ einzurichten. Längst jedoch hat die jahrelange erfolgreiche Arbeit für die Natur die Einwohner Lohmars mit dem Projekt versöhnt.

Gemeinsam die Natur entdecken: In der Naturschule Aggerbogen in Lohmar ist das möglich.

Vor mehr als zehn Jahren begannen die Arbeiten an der Agger: Man entfernte Asphalt, legte einen Teich an und pflanzte rund 20.000 Bäume und Sträucher. Die Besucherzahlen stiegen rasch, und so fiel der Entschluss, das alte Sportlerheim auf dem Gelände zur Naturschule umzubauen. „Wir haben dort 1997 ein Ökolabor eingerichtet, in dem die Kinder beispielsweise Wasserproben untersuchen oder erfahren, wie Brot und Butter hergestellt werden", sagt Dr. Manuela Giannetti, die Leiterin der Schule. „Gerade Kinder sind sehr gerne hier. Wir bieten Biologie im Freien und Natur zum Anfassen."

Regelmäßigen Besuch erhält die Naturschule von den „Aggerfröschen", einer Gruppe Kinder und Jugendlicher bis 14 Jahren, die auch schon einige Umweltpreise gewonnen haben. Die Allerkleinsten machen bei den „Ökozwergen" mit, deren Mitglieder zwei bis sechs Jahre alt sind. „Bei uns können die Kinder unter Aufsicht im Matsch spielen. Das kann man heute auch im ländlichen Bereich nicht mehr überall", erklärt die Leiterin. Aber auch Einzelbesuchern wird ein abwechslungsreiches Programm geboten, das von Nachtwanderungen bis zu Nachmittags- oder Wochenendkursen reicht.

Mittlerweile verfügt die Naturschule über ein „offenes Klassenzimmer". Es wurde an das bestehende Haus angebaut und bietet Platz für 30 Personen. Schülerinnen und Schüler können dort

Informationen

Naturschule Aggerbogen
53797 Lohmar-Wahlscheid
Tel. 02206 / 21 43
www.naturschule-aggerbogen.de

Geboten werden regelmäßige Veranstaltungen und Exkursionen für Einzelbesucher und Gruppen. In diesem Fall ist eine Anmeldung erforderlich. Die Kosten richten sich nach der Art der Veranstaltung.

Kinder

Das Angebot ist auf verschiedene Altersgruppen zugeschnitten.

Mit Hilfe der NRW-Stiftung konnte die Naturschule eingerichtet und mit einem Ökolabor ausgestattet werden. Außerdem förderte die NRW-Stiftung die Errichtung eines „offenen Klassenzimmers".

ihren Biologie-Unterricht im Grünen verbringen und haben dabei trotzdem ein festes Dach über dem Kopf. Der Architekt und die ausführenden Firmen arbeiteten honorfrei, dank der Vermittlung des Naturschutzbundes (NABU) Rhein-Sieg. Die Kosten für das Baumaterial wurden von der NRW-Stiftung und weiteren Förderern übernommen. Die langjährige Arbeit hat sich aber auch für den Tier- und Pflanzenbestand des Landschaftsgartens gelohnt: Eisvogel und Wasseramsel brüten in der Aggeraue, und mittlerweile sind 28 geschützte Pflanzen der Roten Liste dort heimisch. Neben Fragen zum Landschaftsgarten sind die Mitarbeiter auch gerne bereit, allgemeine Fragen zur Umwelt zu beantworten.

Die Naturschule bietet ihren Besuchern sogar noch einen weiteren, ganz besonderen Service an: Im Schulgebäude können hervorragender Honig aus eigener Produktion sowie andere grundsätzlich ökologisch erzeugte Genussmittel erworben werden.

Idyllisch gelegen und mittendrin in der Natur: die Naturschule Aggerbogen.

4 WEINBAUMUSEUM RUNENHAUS

Dass einer ihrer kostbaren Weine ein Drei-Männer-Tropfen sei, lassen sich die Stadt Blankenberger nicht nachsagen – noch nie hatte es zweier Männer bedurft, die einen dritten festhalten müssen, um ihm das Erzeugnis des hauseigenen Weinbergs einzuflößen. Im kleinen örtlichen Weinbaumuseum wird dem Rebensaft ein Denkmal gesetzt: Vor allem auf den „Schützenstaller", der eigens zur Eröffnung des Weinbaumusems entkorkt wurde, sind die Stadt Blankenberger stolz, und auch auf den köstlichen Tropfen „Müller-Thurgau", von dem jährlich nur 300 Flaschen abgefüllt werden, lassen sie nichts kommen.

In dem kleinen Örtchen knüpft Walter Keuenhofs winziger Weingarten im Schützenstall an die lange Weinbautradition des Siegtales an, die bis in das 12. Jahrhundert zurückreicht. Mit vereinten Kräften richteten die Mitglieder des Heimatvereins zwei Räume im ehemaligen Weinkeller des Runenhauses her, das seinen Namen aufgrund der runenähnlichen Zeichen am Giebel trägt. Für Sichel, Hacke und andere Zeugnisse der Ortsgeschichte bis zur letzten Rebenernte 1906 setzten die freiwilligen Helfer mit dem Museum ein Denkmal. Sammlerstücke wie Weinfässer, Weinbauverordnungen sowie eine kleine Weinpresse komplettieren die Museumsausstellung.

Informationen

Runenhaus
Graf-Heinrich-Straße
53773 Hennef - Stadt
Blankenberg
Tel.: 02 24 2 / 19 43 3
www.hennef.de

Öffnungszeiten:
April bis Oktober
So 15-17 Uhr

Das Museum wurde mithilfe der NRW-Stiftung eingerichtet.

Das kleine Museum zur Geschichte des Weinbaus wurde in den Kellerräumen des Runenhauses eingerichtet. Dort beginnt auch ein Weinbau-Wanderweg.

5 AALSCHOKKER ARANKA

Wer heute über die Inselbrücke schlendert, die die traditionelle Winzer-, Fischer- und Schifferstadt Bad Honnef mit der vorgelagerten Insel Grafenwerth verbindet, erblickt die Aranka, den letzten Aalschokker des Mittelrheins.

Mithilfe seiner 78 Quadratmeter großen Fangnetze konnte das Schiff aus dem Jahre 1917 jahrzehntelang viele Tonnen Fisch aus dem Rhein fischen – neben Aalen auch Lachs, Maifisch und Stör. Während das Schiff tagsüber in Ufernähe lag, wurde es abends an seinem Anker in Fangposition gebracht. Der Mast des als Schokker gebauten Aalfangschiffes hielt die 30 Meter langen, handgeknüpften Netze in der starken Rheinströmung.

Mit dem Ende der gewerbsmäßigen Rheinfischerei in den 1960er-Jahren war die alte Fischertradition, die seit 1780 belegt ist, endgültig erloschen. Helmut Kloss aus Bad Honnef konnte sich mit dem Gedanken, dass das Aalfangschiff nach Holland verkauft werden sollte, nicht anfreunden. Der Geschäftsmann regte in Zusammenarbeit mit dem Kur- und Verkehrsverein Bad Honnef eine Spendenaktion an, die den Erwerb der Aranka ermöglichte. Gleichzeitig wurde das Schiff als bewegliches Denkmal anerkannt. Einer vollständigen Renovierung in einer Oberwinterer Werft stand damit nichts mehr im Wege und das Schiff wurde mit viel Engagement liebevoll restauriert.

Der Heimathafen der Aranka bereitete der Rückkehrerin einen würdigen Empfang. Helmut Kloss kümmert sich auch heute noch mit bemerkenswertem Einsatz um das Aalfangschiff. So konnte auf seine Initiative der „Aranka Förderverein e.V." gegründet werden, dem Bad Honnef beispielsweise die jährlichen Feierlichkeiten zur Krönung des Aalkönigs auf dem Aalschokker verdankt.

Informationen

Der Aalschokker Aranka liegt im alten Rheinarm vor Bad Honnef vor Anker. Das Schiff ist am besten von der Brücke, die zur vorgelagerten Insel Grafenwerth führt, zu sehen. Eine Besichtigung des Aalfangschiffes ist im Rahmen des alljährlichen Aalkönigfestes möglich.

Aranka Förderverein e.V.
Helmut Kloss
Meisenweg 25
53604 Bad Honnef
Tel. 02224 / 64 80

In Bad Honnef half die NRW-Stiftung bei der Restaurierung des Aalschokkers „Aranka".

Nach umfassender Renovierung erstrahlt Schloss Drachenburg in neuem Glanz.

6 SCHLOSS DRACHENBURG

Das Wappen Stephan von Sarters mit seinem Leitmotiv „Wäge – Wage".

Auf halber Höhe zum Drachenfels liegt weithin sichtbar Schloss Drachenburg. Halb verfallen blickte das von 1882 bis 1884 erbaute Juwel der Rheinromantik über Jahrzehnte auf Königswinter herab. 16 Jahre lang hat die NRW-Stiftung in Zusammenarbeit mit der Stadt Königswinter und dem Land NRW das Schloss von Grund auf restauriert. Im Sommer 2010 wurden die letzten Gerüste abgebaut, der Prachtbau erstrahlt seither wieder in altem Glanz.

Der Naturpark Siebengebirge zählt zu den ältesten Naturschutzgebieten Deutschlands. Mitten in dieser Idylle ließ sich Stephan Sarter einen Wohntraum in opulenter Gründerzeitarchitektur erbauen. Dank einer damals neuen Bauweise waren die Arbeiten für den Prachtbau nach nur drei Jahren (1882–1884) abgeschlossen. So rasch das Schloss stand, so lang hat seine Wiederherrichtung gedauert. Im Frühjahr 1995 begannen die ersten Arbeiten für die umfassende Restaurierung des Ensembles von Schloss Drachenburg. Um die Spuren, die Kriegsbeschädigungen, unsachgemäße Reparaturen und die vielfältige Nutzung des Gebäudes hinterlassen hatten, zu beseitigen, waren viel Zeit und Geld des Landes NRW und der NRW-Stiftung notwendig.

WISSENSWERT

Historismus

Dass es sich bei dem Begriff Historismus keineswegs nur um eine kunstgeschichtliche Stilrichtung handelt, darauf machte der Historiker Friedrich Meinecke bereits 1936 aufmerksam. Er beschreibt den Historismus als eine Geisteshaltung, die zwar im Einklang mit der Aufklärung steht, dabei aber die historischen Wurzeln für alle Zustände in der Gegenwart nicht ausblendet. Meinecke schreibt, dass der Stilmix des Historismus auch eine Art Sehnsucht nach einer eindeutigen und stilvollen Vergangenheit zum Ausdruck bringt, die letztlich den eigenen sozialen Status gegenüber einer oft als widersprüchlich empfundenen Gegenwart legitimieren sollte. Die Bestätigung aus der Vergangenheit ist das wichtigste Anliegen des Historismus.

Der Bauherr Stephan von Sarter war sehr wohlhabend. Nach einer Banklehre als Börsenmakler war der Sohn eines Bonner Gastwirtes an der Pariser Börse zu Reichtum gekommen, insbesondere mit der Finanzierung des Suezkanals und als Berater der Rothschilds. Dem Geist der Zeit entsprechend wollte er seinen Reichtum auch zeigen. Er kaufte sich einen Adelstitel und gab als Baron Stephan Sarter das Traumschloss in Auftrag.

Außen wie innen ist das Schloss von einem Nebeneinander zahlreicher „Neostile" geprägt, früherer Stilepochen, die zeitgenössisch aktualisiert wurden. So wurden Stuckdecken im Renaissancestil mit barocken Möbeln im Schlafzimmer oder ein gotisches Netzgewölbe mit einer barocken Balustrade im Musiksaal kombiniert. Die zierliche Venusterrasse vor der Südfassade und der weitläufige Park scheinen Teil einer eleganten Schlossanlage zu sein, wohingegen die An-

Das prächtige Treppenhaus von Schloss Drachenburg.

Ein Blick in die Zimmer offenbart die Pracht der Ausstattung aus der Gründerzeit.

sicht von Norden mit dem mächtigen Turm an die Wehrhaftigkeit einer Burg erinnert. Mit seinem Stilmix ist Schloss Drachenburg ein Musterbeispiel für die Bauweise des Historismus.
Der zeitgenössische Kunstkritiker Johannes Proelss war damals voll des Lobes für das Bauwerk: „Elegante Privat-, Arbeits-, Toiletten-, Schlaf- und Frühstückszimmer für den Schlossherrn und seine Gäste zeugen vom gediegenen Geschmack des Bauherrn und der hohen Stufe des rheinischen Kunsthandwerks." Ein Luxus, der Königen und Kaisern würdig war und für eine entsprechende Gästeliste sorgte: Victoria Adelaide Mary Louisa von Großbritannien und Irland nächtigte im hochherrschaftlichen Ehrenfremdenappartement. Ebenso der Kronprinz von Griechenland nebst Gattin und Prinzessin Charlotte zu Schaumburg-Lippe. Vom Empfangssaal bis zu den Gästezimmern hatte der Schlossherr

an Einrichtung und Ausstattung nicht gespart. Das schönste Accessoire gab die Natur dazu: die einmalige Aussicht auf das Rheintal. Sarter selbst konnte diese Pracht allerdings nie genießen: Er hat Schloss Drachenburg nie bewohnt. Nach seinem Tod im Jahr 1902 wurde Schloss Drachenburg zu einer Art Luxushotel. Der Junggeselle Sarter hatte weder Testament noch Erben hinterlassen. So ersteigerte sein Neffe, der Jurist Jakob Biesenbach, das Anwesen und gestaltete es als „Sommerfrische“ für wohlhabende Reisende. Auf dem Parkgelände ließ er Blockhäuser für die Unterbringung der Gäste errichten und das Schlossinnere der neuen Nutzung entsprechend anpassen. In späteren Jahren beherbergte das Schloss unter anderem ein katholisches Internat, wurde als Frauengenesungsheim genutzt, als Schule der Nationalsozialisten und als Ausbildungsstätte für Eisenbahner. Im Zweiten Weltkrieg und in der unmittelbaren Nachkriegszeit wurde das Gebäude schwer beschädigt und verfiel in der Folge zusehends. Die Genehmigung zum Abriss war bereits erteilt, als 1971 der Privatmann Paul Spinat, ein Liebhaber repräsentativer Wohnkultur, das Ensemble erwarb und es damit für die Nachzeit rettete.
Seit 1986 stehen Schloss Drachenburg und seine Parkanlagen unter Denkmalschutz. Dank der aufwändigen Renovierungsarbeiten ist heute von den großen Schäden nichts mehr zu sehen. Um das gründerzeitliche Baudenkmal zu er-

SEHENSWERT

Dechen-Denkmal
Auf halbem Weg zwischen der Hirschburg und dem Drachenfels im Naturpark Siebengebirge befindet sich das Heinrich-von-Dechen-Denkmal. Ernst Heinrich Carl von Dechen war Professor für Bergbaukunde und Erfinder und Ende des 19. Jahrhunderts der erste Vorsitzende des Verschönerungsvereins für das Siebengebirge (VVS). Vom Denkmal aus hat man den besten Blick auf Schloss Drachenburg.

Der goldene Rolls Royce des letzten Besitzers Paul Spinat.

halten und es öffentlich zugänglich zu machen, hatte die NRW-Stiftung 1989 das Schloss Drachenburg von seinem letzten Privatbesitzer gekauft und es dann an die Stadt Königswinter übertragen. Der Startschuss für die Instandsetzung fiel 1994 mit Arbeiten an den Umfassungsmauern, 1997 begann dann die Instandsetzung des Hauptgebäudes. In den Jahren von 1997 bis 2000 wurde zudem die Vorburg restauriert und ausgebaut, die heute von der Stiftung Naturschutzgeschichte als Archiv, Forum und als Museum genutzt wird (s.S. 152).

Im Hauptgebäude begann nach Fertigstellung der imposanten Kunsthalle im Jahre 2004 die behutsame Restaurierung der Innenräume. Kuppel inklusive Treppenanlage wurden rekonstruiert, ebenso Aufzug und Aussichtsplattform. Im Frühjahr 2010 wurden die Arbeiten an der Hauptburg dann endgültig abgeschlossen. Die Schlossräume sind jetzt mit historischen Möbeln eingerichtet, die das ursprüngliche Erscheinungsbild nahezu authentisch wiedergeben und dem Besucher einen Einblick in die gründerzeitliche Wohnkultur des späten 19. Jahrhunderts vermitteln.

Der neue Rundgang führt die Besucher gleich zu Beginn in eine Ausstellung im Erdgeschoss, wo sie sich ein Bild von der äußerst wechselvollen Geschichte des Schlosses und seiner immerhin elf Besitzer machen können. Die 16-jährige Renovierungsphase wird in der Ausstellung thematisiert. Interessant ist auch ein intensiver Blick in den Park von Schloss Drachenburg, der als „zonierter Landschaftsgarten“ gestaltet wurde und einen beeindruckenden Baumbestand enthält. Seit dem Sommer 2011 hält die über 100 Jahre alte Zahnradbahn wieder an der Vorburg von Schloss Drachenburg und ermöglicht Besuchern einen Zugang zum Schloss wie schon zu Zeiten Stephan von Sarters.

Informationen

Schloss Drachenburg
Drachenfelsstraße 118
53639 Königswinter
Tel. 02223 / 90 19 70
www.schloss-drachenburg.de

Öffnungszeiten:
Di-So 11-18 Uhr
in den NRW-Schulferien auch Mo 11-18 Uhr

Kinder

www.nrw-entdecken.de

Die NRW-Stiftung ließ in den vergangenen Jahren mit dem Land NRW und der Stadt Königswinter das gesamte Ensemble von Schloss Drachenburg restaurieren. Die NRW-Stiftung ist Eigentümerin des Ensembles.

7 ARCHIV, FORUM UND MUSEUM ZUR GESCHICHTE DES NATURSCHUTZES

Was können ein altes Weidenkörbchen, ein Bambi oder ein Wohnwagen über unser Verhältnis zur Natur sagen? Als isolierte Objekte vermutlich wenig. Ergänzt durch erläuternde Worte, Töne und Bilder werden sie jedoch zu Zeitzeugen und geben Antworten auf spannende Fragen: Wann und warum keimte der Naturschutz? Wie ist er gewachsen? Und wo stehen wir selbst im Spannungsfeld zwischen Naturkonsum und Naturschonung? In der Vorburg von Schloss Drachenburg im Siebengebirge widmet sich das Museum zur Geschichte des Naturschutzes in Deutschland diesen Themen.

■ Die NRW-Stiftung ließ die Vorburg restaurieren und richtete in ihren Räumen die Ausstellung zur Geschichte des Naturschutzes ein.

Der Konflikt zwischen Landschaftsverbrauch und Sehnsucht nach heiler Natur fand gleich vor der Haustür statt: Als vor 170 Jahren der Trachytabbau das gewohnte Bild der sieben Berge zu entstellen drohte, regte sich Widerstand. Um die Drachenfelsruine als Freiheitssymbol und Ikone der Rheinromantik nicht zu gefährden, beschlagnahmte der preußische König die Bergkuppe und ließ die Steinbruchbetreiber entschädigen. Der staatliche Handstreich zum Schutz des Bergpanoramas mündete später in eines der ersten deutschen Naturschutzgebiete. Nicht die Sorge um gefährdete Lebensgemeinschaften, Pflanzen und Tiere war demnach die Initialzündung, sondern die Wertschätzung landschaftlicher Schönheit. Längst bilden beide Aspekte, Ästhetik und wissenschaftliche Expertise, Grundlagen des behördlichen Naturschutzes. Wo unsere Urgroßeltern „nur" von der Erhabenheit der Landschaft schwärmten, wird heute zugleich nach Rote-Liste-Arten gefragt.

Lina Hähnle gründete den Vogelschutzbund.

Während die Installationen im Parterre den lokalen Bezug zum Siebengebirge herstellen, Zeitströmungen und Reifungsschritte zeigen, nimmt die Ausstellung im Obergeschoss die Ge-

schichte des Vogelschutzes in den Blick. Diese klassische Teildisziplin ist wegen ihrer Popularität besonders gut geeignet, um den Stellenwert des Zeitgeistes, des ehrenamtlichen Engagements und der wissenschaftlichen Forschung zu verdeutlichen, und das am Beispiel ausgewählter Persönlichkeiten.

Wie in einem Fotoalbum oder einem bürgerlichen Wohnzimmer ziehen alte Bilder und Gegenstände den Besucher in den Bann. Da ist der kleine Vogelkorb aus Weidenholz. Seine Besitzerin war Lina Hähnle, die Gründerin des Vogelschutzbundes. Die resolute Fabrikantengattin von der Schwäbischen Alb war mehrere Jahrzehnte lang die „First Lady" des Naturschutzes. Trugen andere Damen eine Handtasche, so war ihr oft das leichte Vogelbauer ein unverzichtbarer Begleiter. Wenn sie unterwegs einen verletzten Vogel fand oder anvertraut bekam, transportierte sie ihn in jenem Behältnis. Ungeachtet ihrer großbürgerlichen Herkunft waren Frau Hähnle Standesdünkel fremd, gern reiste sie dritter Klasse – nicht aus schwäbischer Sparsamkeit, sondern um mit den Menschen ins Ge-

Informationen

Stiftung Naturschutzgeschichte, Drachenfelsstr. 118, 53639 Königswinter
Tel. 02223 / 70 05 70
www.naturschutzgeschichte.de

Öffnungszeiten:
Di-So 11-18 Uhr
In den Oster-, Sommer- und Herbstferien (NRW) auch Mo 11-18 Uhr
Private Gruppenführungen sind auch außerhalb der Öffnungszeiten möglich:
Tel. 02223 / 90 19 70

Was kann uns ein Wohnwagen über unser Verhältnis zur Natur sagen? Nun: Für die komfortable Asphaltpiste, auf der wir am Wochenende ins Grüne fahren, wurde ein Teil genau dieser Natur geopfert.

spräch zu kommen und um neue Mitglieder zu werben. Unter ihrer Regie wuchs der Vorläufer des heutigen Naturschutzbundes (NABU) zu einem Verband mit Zehntausenden von Mitgliedern, und ihre unkonventionelle Öffentlichkeitsarbeit war vor 100 Jahren ohne Beispiel.

Wer beim klassischen Naturschützer an einen Loden tragenden Fortschrittsfeind denkt, wird in der Ausstellung eines Besseren belehrt, zum Beispiel in Person des Ingenieurs Hermann Hähnle (1879–1965). Der Sohn der Vogelschutzbund-Gründerin ging zwar auf die Pirsch, aber nur mit der Filmkamera. Schon im Jahr 1902 bannte er wild lebende Säugetiere auf Zelluloid, seit 1906 auch Vögel. In einer Zeit, als in den Schaubuden der Jahrmärkte Klamauk über die Leinwände flimmerte und lange bevor das Fernsehen erfunden wurde, zeigte Hähnle seine „Natur-Urkunden" in Schulen, auf Vorträgen und bei Tagungen.

Eher akustisch als optisch verewigte sich der Salvatorianerpater Agnellus Schneider (1913–2007). Der Beiwagen seines schweren Motorrades war

stets für ein Tonbandgerät, Marke Phono-Rex 1 sowie für zwei LKW-Autobatterien und Mikrofone reserviert. So ausgerüstet fuhr er ins Grüne und zeichnete Vogelstimmen auf. In hunderten von Radiosendungen und auf unzähligen Vorträgen brachte der charismatische „Vogelpater" ein Stück Natur zu den Menschen und gewann dem Vogelschutz viele neue Anhänger.
Nicht jedem Naturschutzaktivisten war die grüne Gesinnung in die Wiege gelegt. Carl Georg Schillings (1865–1921) gefiel sich viele Jahre in der Rolle des verwegenen Abenteurers und Großwildjägers, bevor er zum Naturschützer mutierte. Besonders prangerte er die Federhutmode an, für die massenweise Paradiesvögel und Edelreiher sterben mussten. Die Kampagne zeigte Wirkung, der Reichstag erließ ein Jagdverbot und die Schickeria musste Federn lassen. Die Stiftung Naturschutzgeschichte will die Geschichte des Naturschutzes lebendig und wirksam halten. Deshalb unterhält sie in der Vorburg auch ein Archiv und diskutiert regelmäßig im Rahmen von Tagungen über die Geschichte, Gegenwart und Zukunft des Naturschutzes.

Den Bambi erhielt Bernhard Grzimek für sein Fernseh-Format „Ein Platz für Tiere", heute steht die Auszeichnung im Museum für Naturschutzgeschichte.

SEHENSWERT

Naturparkhaus Siebengebirge
Mitten im Naturschutzgebiet und Naturpark Siebengebirge liegt auf der Margarethenhöhe zwischen Ölberg und Löwenburg das Naturparkhaus des Verschönerungsvereins für das Siebengebirge (VVS).
Die dortige Ausstellung vermittelt einen Überblick über alles Wissenswerte aus der Region. Glanzstück des Naturparkhauses ist ein im wahren Wortsinn „begreifbares" Landschaftsmodell des Siebengebirges, um das sich fünf Abteilungen gliedern, die sich der Vulkanologie/Geologie, den Themen Steinbrüche, Wald und Kulturlandschaft sowie dem Naturschutz/Naturpark widmen.
Im angrenzenden Park können weitere vier Stationen entdeckt werden: die Galerie der Steine, lebenswertes Totholz, ein Boden-Querschnitt aus dem Siebengebirge und ein Wildbienenhotel.

■ Informationen
Naturparkhaus Siebengebirge
Margarethenhöhe
Königswinterer Str. 409,
53639 Königswinter
Tel. 02223 / 90 94 94
www.naturpark-siebengebirge.de

Um Mitternacht war schon die Burg erstiegen,
Der Holzstoß flammte auf am Fuß der Mauern,
Und wie die Burschen lustig niederkauern,
Erscholl das Lied von Deutschlands heilgen Siegen.

Wir tranken Deutschlands Wohl aus Rheinweinkrügen,
Wir sahn den Burggeist auf dem Turme lauern,
Viel dunkle Ritterschatten uns umschauern,
Viel Nebelfraun bei uns vorüberfliegen.

Und aus den Trümmern steigt ein tiefes Ächzen,
Es klirrt und rasselt, und die Eulen krächzen;
Dazwischen heult des Nordsturms Wutgebrause.

Sieh nun, mein Freund, so eine Nacht durchwacht ich
Auf hohem Drachenfels, doch leider bracht ich
Den Schnupfen und den Husten mit nach Hause.

Heinrich Heine: „Die Nacht auf dem Drachenfels“

8 SIEBENGEBIRGSMUSEUM

Das Siebengebirge, der Drachenfels und Königswinter – diese Namen stehen für ein eindrucksvolles Landschaftserlebnis am Tor zum wohl bekanntesten Abschnitt des Rheintals. Seit über 200 Jahren zieht es Reisende hierher. Anfangs waren es vorrangig Adelige und begüterte Bürger, die sich eine Rheinreise leisten konnten. Für ihre Bildungsreisen war die landschaftliche Schönheit des Rheintals mit ihren mittelalterlichen Burgen und Ruinen ein ideales Reiseziel, das auch immer mehr Maler und Dichter anzog und zu Kunstwerken inspirierte, die man heute der so genannten „Rheinromantik“ zuordnet.
Diese Landschaft und ihre Geschichte thematisiert das Siebengebirgsmuseum in Königswinter. Es wurde 1927 vom heutigen Heimatverein Siebengebirge e.V. gegründet und bezog 1934 eines der ältesten Gebäude der Königswinterer Altstadt, ein barockes Wohnhaus aus dem Jahr 1732. Mehrfach wurde das Museum erweitert, seit dem Sommer 2011 gibt es einen Neubau, der früher getrennte Ausstellungsteile des Museums miteinander verbindet und Platz schafft für weitere Ausstellungsflächen. Bestandteil des Siebengebirgsmuseums ist nach wie vor die schon vom Heimatverein begründete regionalgeschichtliche Sammlung, die sich etwa dem Steinabbau im Siebengebirge widmet – für die Region war er

Ölgemälde aus dem Bestand der „Sammlung RheinRomantik“ von J.W. Schirmer, Altenahr 1834.

Einen Blick hinter die Kulissen dieser reizvollen Region bietet das Siebengebirgsmuseum in Königswinter.

über viele Jahrhunderte eine wichtige Erwerbsquelle. Der dadurch im 19. Jahrhundert drohende Verlust ganzer Berggipfel ließ hier auch die Idee des Landschaftsschutzes entstehen. Die neue Ausstellung gibt einen Einblick in den Arbeitsalltag der Steinhauer, die sich auf den Bau von Backöfen spezialisierten und ihre Steine – einzigartig in der weiten Umgebung – in unterirdischen Steinbrüchen gewannen. Für den Transport von schweren Gütern bot der Rhein beste Voraussetzungen.
Im Ausstellungsbereich „Spurensuche – Geschichte einer Landschaft" geht es um wichtige ortsgeschichtliche Schauplätze und Zeugnisse der Siebengebirgslandschaft oder berühmte Orte wie den Petersberg. Gleich nebenan erfährt der Besucher Wissenswertes über die Geschichte des Reisens, das im Laufe des 19. Jahr-

Informationen
Siebengebirgsmuseum
Kellerstraße 16
53639 Königswinter
Tel.: 02 22 3 / 37 03
www.siebengebirgs-museum.de

Öffnungszeiten:
Di, Do, Fr, Sa 14-17 Uhr
Mi 14-19 Uhr, So 11-17 Uhr

Die NRW-Stiftung unterstützte das Museum bei der Erweiterung des Gebäudes und der Neustrukturierung der Dauerausstellung.

Blick aus dem Deichmann-Park auf Königswinter, um 1850, Künstler unbekannt.

Das Siebengebirge gab zahlreiche Impulse für die Kunstwerke der Rheinromantik.

hunderts für jedermann erschwinglich wurde, als der Wohlstand stieg und moderne Verkehrsmittel wie Dampfschiff und Eisenbahn für Mobilität sorgten. Für die vielen Touristen war im Siebengebirge bestens gesorgt: mit Nobelhotels und Einkehrhäusern, mit Wanderwegen und Kutschfahrten, mit Unterhaltungsautomaten, Souvenirs für jeden Geldbeutel und dem bis heute populären Eselsritt auf den Drachenfels.
Einen neuen Schwerpunkt legt das Siebengebirgsmuseum auf das Phänomen der Rheinromantik, in dem eine gesamte Kulturlandschaft auf einzigartige Weise in Kunst, Musik, Literatur und Politik gespiegelt wird. Hierzu erklärt eine moderne Medienstation die Vielschichtigkeit von Landschaftsbildern; illustrierte Bücher und eine Hörstation präsentieren die literari-

sche Seite der Romantik. In der „Galerie“, dem Herzstück des neuen Museums, zeigen ausgewählte Gemälde der „Sammlung RheinRomantik“, wie 200 Jahre europäische Landschaftsmalerei durch die Romantik geprägt wurden. Dabei kann das Museum auf einen besonderen Schatz zurückgreifen: Mit rund 500 Kunstwerken ist diese Sammlung heute eine der wichtigsten deutschen Sammlungen zur Entwicklung der Malerei im Rheinland des 19. Jahrhunderts. Sie konzentriert sich auf die Düsseldorfer Malerschule, auf englische Aquarelle und frühe Koblenzer Künstler. In Kooperation mit dem Siebengebirgsmuseum werden künftig regelmäßig Teile der „Sammlung RheinRomantik“ zu ausgewählten Themen der rheinischen Kulturlandschaft gezeigt.

BILDNACHWEIS

- Archiv NRW-Stiftung 90, 92
- Banken, Kerstin 129 (Tourismus NRW)
- Bayer, Stephan 64, 66
- Bergische Museumsbahnen e.V. 18
- Bildarchiv Marburg 7, 144, 146, 147, 151, 153
- Biologische Station Haus Bürgel 5 re., 69
- Biologische Station Oberberg 116, 117, 118, 119, 121, 122, 123, 125
- Bosco, Bernd 27
- Bunse, Burkhard 138
- Deutsches Klingenmuseum 13, 43
- Eisenbahn- und Heimatmuseum Erkrath Hochdahl e.V. 60
- Fein, Christoph 148, 150
- Förderverein NaturGut Ophoven 80, 81
- Fotolia 11, 24, 128
- Franke, Oliver 49 (Tourismus NRW)
- Glaser, Alexander 73
- Götz, Birgit 68
- Grawe, Frank 75, 82, 93 o.
- Halbig, Thorsten 47 (Tourismus NRW)
- Hegert, Bernd 40, 41, 42, 85, 86, 87, 152, 155
- Heimatverein Feste Neustadt e.V. 112, 113, 114, 115
- Herhaus, Frank 116
- Höller, Thomas 67
- Hoenow, Max 112-115
- Junker, Hartmut 134
- Kammel, Jörg 48 (Tourismus NRW)
- Kur- und Verkehrsverein Bad Honnef 143
- Langemeier, Lars 5 li., 6 o. re., 6 u. re., 7 u. re., 14, 15, 16, 17, 19, 20, 21, 22, 23, 24, 25, 28, 29, 30, 31, 32, 33, 35, 36, 37, 38, 39, 44, 45, 51, 52, 53, 54, 56, 57, 62, 63, 83, 84, 88, 89, 95, 98, 99, 104, 105, 106, 111, 130, 131, 132, 133, 142
- Matzke-Hajek, Günter 136, 138
- Müller, Uwe 127 (Tourismus NRW)
- Naturschutzzentrum Erkrath 61
- Neanderthal-Museum 55
- Ratinger Jonges e.V. 58
- Schloss Drachenburg gGmbH 149
- Siebengebirgsmuseum 156, 157
- Stadt Wuppertal 12
- Stapelfeldt, Werner 6 o. li., 6 u. li., 59, 70, 71, 77, 78, 79, 96, 97, 107, 108, 109, 139, 140, 141
- Sticht, Holger 7 u. li.
- Tourismus NRW 102 u.
- Tourist-Information Nümbrecht 102 o., 103
- VVS Königswinter 158
- Wengenroth, Rolf 101 (Tourismus NRW)